你最好要知道的司法真相

律師不會告訴你的事 3

張冀明 Victor C. M. Chang —— 著

全新增訂版

獨家揭露剖析
司法生態系統

推薦序

現代阿摩司

于厚恩

在服事某機構爭議事件的一天，我同時聽到不同人提及「張冀明律師」，引起我的好奇，後來經由朋友介紹，我因此認識了他。得知張律師經驗豐富且是基督信仰的主內弟兄，我力邀他在我服務的遠東廣播公司錄製《信仰與法律》的播客節目，擔任這世代上帝的傳聲筒。他百忙中一口允諾，認真錄製的態度及效率超越專業播音員，連我們的錄音師都陶醉在他的錄音中，收穫滿溢。我很榮幸能認識他，且邀他繼續錄製另一新節目：《真有辦法》。

拜讀張律師的大作，他將所領受的基督信仰運用於律師實務工作中，身為一位訴訟律師，不是鼓勵人打官司，而是提醒想打官司的人先想清楚自己最在乎的事，且建議想打官司的人先瞭解打官司的種種，如同基督信仰提醒我們應先看重生命，才能活出生命的意義。書中提到我們的司法審判制度源於聖經《申命記》，但數千年後的現今，審判制度從上帝來決定結果演變成由一群通過國家考試的專業司法人員決定，他們不是上帝，與我們一樣有著七情六欲，未必能公正判斷是非對錯。

張律師的大作讓我想起聖經中的一位先知阿摩司，他生於公元前八世紀，當時是以色列的輝煌時代，疆域恢復昔日榮景，經濟貿易也欣欣向榮，但社會卻極其黑暗，人心貪婪腐化、圖謀不當利益，部分權貴人士一面借錢給窮人，一面收取高利貸，致使窮人無翻身機會，甚至操縱司法給窮人致命一擊，但上帝召喚阿摩司為那時代的傳聲筒，他的名言是：「**惟願公平如大水滾滾，使公義如江河滔滔。**」（《阿摩司書》第五章第二十四節）

阿摩司（Amos）希伯來文的意思是「背負重擔者」（burden），我覺得張律師好似聖經裡的阿摩司！他是一位深知「社會公義與憐憫謙卑乃是上帝心意」的律師，並將此做為他生命的負擔（burden），是現代的阿摩司（Amos-burden）。他在書中分享處理當事人個案所遭遇的不公，但依然豪氣干雲、不畏權勢的追殺與脅迫，高舉公義為其職志，深深令我佩服！

張律師引用聖經《耶利米書》：「人心比萬物都詭詐，壞到極處，誰能視透呢。」一提到司法人員也是人，不是神，他們的心與我們一樣，隨時可能受到世界的影響，讓理想中的司法遭到扭曲，提醒想打官司的人最好要有遭到司法不公的心理準備，才會認真操作官司並掌控風險。如果基督信仰只談公義，那只是跛腳的信仰，除了公義還要加上憐憫！張律師揭示一般律師不會告訴讀者的事，細說現實司法的真相，分享現實的司法問題，展現他憐憫的心腸，他也許在律師界的身高不是最高，但他看個案的視角高度卻遠遠勝過世間的其他律師。

我祝福張律師所在的每一處，都能夠帶來他人生命永恆的益處！也大力推薦張律師的大作，我相信每一位購買此書的讀者，不只會獲得法律的知識，更會獲得真理的見識！

本文作者為遠東廣播公司台灣錄音辦公室總幹事

推薦序

閱讀律師之筆，獲得飽足的法律實務常識

邱璨寬

我一向與人為善，也相信廣結善緣能帶來福報，所以朋友有難，我從不過問原因，只會詢問我能怎麼協助。幾年前，我因為幫忙朋友處理陷入的商務糾紛而認識張律師，當下就對他快速掌握問題並提出精準的解決方案印象深刻。之後，當自己偶爾碰到商業事務上的問題時，就會請教張律師的專業意見，也開始逐漸與他熟識。

我在娛樂界深耕數十年，見過太多荒誕詭譎的事情，就連自己也曾遭人惡意追訴，陷入官司泥沼，幸好委任處理的律師都能秉持法律專業及公平正義來捍衛我的權益，讓我能化險為夷。但是，在打官司的過程中仍難免會感到灰心，甚至一度讓我感到非常憂鬱，不停地失眠，認為世界上的對與錯，到底該怎麼去定義？該由誰來定義？甚至覺得打官司就是「潑髒水」的比賽，好像誰潑的力量大，就能占上

風！這些年我兢兢業業地經營公司，因為我知道我的事業必須經得起公眾眼光的審視，即便如此，還是會收到一些惡意濫訴，我更曾自己翻閱六法全書，仔細研究一番，就因為想要正面回擊那些想讓我倒下的聲音，我相信人應該要以善意擁抱世界，但不能被惡意輕易擊倒。

張律師回覆我諮詢的問題很有效率，並總能切中要害，減輕我對深奧法律的不少困擾及疑問，我不再需要自己翻閱艱澀的六法全書。欣見張律師先前出版的《律師不會告訴你的事3：你最好要知道的司法真相》改版發表，我非常樂意為張律師推薦這本書，我相信對法律感到迷茫的讀者，都能在張律師巧妙的形容與實戰經驗的分享中，瞭解法學對於日常的重要性。

我讚賞本書一開始就提出法律不是萬能的，可以展現張律師為人真誠的一面，身為執業律師沒有老王賣瓜般強調法律的重要，反而提醒讀者在打官司前要瞭解自己及對方，並且掌握所處的客觀糾紛事實。以我遭遇的許多官司經驗，這樣才能避免不斷遭對方潑髒水；捍衛自身的權益與清白，有時需要的不僅是「情理」，更需要「法」的論證與分析。

其次，張律師以他近四十年的執業經驗，介紹了司法的實務現況，可以讓讀者跳脫艱澀的法律條文，更務實地認識我們的司法，並且讓需要打官司的人能在走進法院前，熟悉與瞭解即將展開的訴訟之旅，在對方可能潑髒水的過程中，保持平靜的心情。

本書之後提到民事、刑事及行政訴訟的實際案例，說明包括法官、檢察官及律師等司法人員都是人，不是神，也有一般人的七情六欲，不能期待正義從天而降。張律師強調打官司的當事人要認真關注負責辦案的司法人員，協助他們仔細查明糾紛真相。張律師以「司法變形蟲」的概念，分享他實際處理的案件始末，真實還原每個案件的細節，處處顯示他慎重辦案的精神，也是他與我討論法律問題時所展現的一貫態度。

書中提到張律師發表本書初版時，恰好離開眾達國際法律事務所，赴京陪家人而暫時停止執業律師，但因本書而遭特偵組調查及追訴，而以平民身分為己奮戰，最終否極泰來；同時，最高法院也於二〇一二年四月十六日廢除祕密分案制度，嘉惠於上訴最高法院的當事人。可見，張律師發表本書的勇氣可嘉，同時展現張律師為司法公正拚搏的精神。

本書另提到「當司法變形蟲遇上政治」的幾件曾喧囂多年的事件，雖然這些事件都已是過往雲煙，但從閱讀本書所載情節，可回想起過去媒體報導的點滴，沒想到張律師或低調親身參與這些涉及政治的司法案件，或提出獨到的專業分析，讓人不禁拍案叫絕！面對現今口水不斷的各種社會事件，或可從張律師提及的另一觀點觸類旁通。

張律師在本書末了以醫療上「預防勝於治療」的觀點，提醒讀者認真看待生活中每項可能涉及法律風險的問題，呼應了本書一開始勸人要慎重打官司的決定，這是出於一位從事司法實務工作數十年的律師之筆，可算是真誠的肺腑忠告，值得讀者閱讀再三。

雖說這是十多年前已出版的書再做改版，但以張律師辦案的嚴謹態度，我相信本書是作者去蕪存菁的一本好書。我榮幸接受張律師的邀約，推薦這本好書給讀者，並祝福讀者能與我一樣，獲得飽足的法律實務常識。

本文作者為寬魚國際股份有限公司執行長

推薦序

以經驗分享來助人，期待司法運作更完美

林緯軒

在某個聚會中巧遇張冀明律師，得知他是我台大及哥大的學長，雖然我們學習的專業不同，但我很快感受到他的率直。記得當時他提到曾寫過的一本書《你最好要知道的司法真相》，而今邀約我為此書的改版寫序，我倍感榮幸，也感受到這本書在他心中的重要性。

拜讀冀明學長的這本書，感受到他對對司法充滿了熱情，更渴望司法體制能運作得更貼近「公平與正義」。我曾追過不少關於法律或律師的美劇，但在讀這本書時，透過冀明學長真實生動地描述他所經手的案例攻防、撰寫書狀帶來的後續轉變、訴訟謀略如何推敲制定，以及法官宣判勝敗對當事人生命的巨大影響等等，我不禁想像冀明學長在真實世界裡的律師執業生涯有多麼精彩！如果把它拍成影集，相信也非常好看。

顧名思義，本書揭露與探討我國司法體制的實際運作內容，冀明學長以「司法變形蟲」來闡述制度設計與實際運作的差異，並說明司法運作因人的實施所產生的變數與不確定性，可以感受到他是想藉由本書的內容來幫助那些想要透過法律解決問題的人。無疑的，讀者可經由本書對我們的司法實務運作有更深入的認識。

冀明學長以流暢的文筆、清晰的邏輯思路及身經官司百戰的經歷展開本書，提醒讀者要慎重決定是否真的需要打官司。他以美國真實發生的案件為例，讓人讀起來生動精彩且不費力。其次，他提及一些不完美的「司法人員」，可能讓個案當事人遭受不利對待，提醒當事人要格外小心面對；事實上，我們所處的社會各階層都有不完美的人，我們需要謹慎面對每天的生活，而且期待法律給與我們公正的保障。

雖然如此，冀明學長在本書最後還提出了遠離糾紛及訴訟的幾種預防方法，希望讀者能「遠離試探，脫離凶惡」，避免走上官司之路，這也是我經營事業每日所期盼，並與同仁相互勉勵的目標。即使我們永遠不需要經歷告人或是被告，但透過冀明學長所分享的本書，可讓我們因瞭解司法的現實而能更加「行公義，好憐憫」。

聖經《以賽亞書》第二十八章第十七節提到：「我必以公平為準繩，以公義為線鉈。冰雹必沖去謊言的避所；大水必漫過藏身之處。」在神有絕對的公義與審判，但在由人設計，以人組成的司法體系中，本就很難體現完全的公義。相信真正的公義會用不同的方式與時間顯明在我們的生命中，只要我們對這社會仍懷有愛、信心與盼望。

冀明學長與我一樣有著耶穌基督的信仰，我想「以經驗分享來助人」跟「期待司法運作更完美」應該是他本著此精神寫這本書的初衷，相信這本書能成為許多人的幫助。

本文作者為信裕電業股份有限公司董事長

推薦序

有時候眞相很簡單，就是你沒有找到一個好律師

盛子龍

冀明兄是知名的大律師，他是我的大學同窗，儘管畢業多年，我還是清楚記得他在求學期間，學習極為專注，表現更是出類拔萃。畢業後，他順利走上執業律師之路，身經百戰，尤其是承辦過許多知名大案，例如：代表法商馬特拉公司打贏與台北市政府捷運工程局的合約糾紛訴訟、代表湯秀璸控告醫師丈夫殺人未遂案、代表友訊控告威盛公司負責人營業祕密等侵權案，可以說是戰功彪炳。他能夠在國際上屢獲最佳律師大獎的肯定，絕對是實至名歸。

冀明兄也是一位虔誠的基督教徒。就我個人觀察，他在神的感召下，除了繼續從事律師業務協助訴訟當事人，也走上出書立著以濟世救人的道路。多年前，他將自己鑽研數十載的所知所學以及寶貴經驗，透過生花妙筆，將繁複且艱澀的法律知識，化為淺顯易懂的文字，出版了《律師不會告訴你的事》系列叢書，並將征戰法

庭的常勝祕笈公諸於世，不僅可做為同行律師克敵制勝的借鑑，對面臨訴訟徬徨無助的當事人更是如天降福音。

在一般民眾心目中，所謂的「司法真相」往往是道聽途說，以訛傳訛。即使是從法律專業工作者的角度而言，司法真相往往也是橫看成嶺側成峰；尤其，每個個案的背後真相常是愈說愈讓人迷糊，不僅法律外行的電視名嘴群口沫橫飛，爭論不休，就是在法律專業工作圈內，也各有不同的觀點。如果單一個案的真相都如此見仁見智，那要談整個司法制度的全面真相，自然會有更多不同的觀察與解釋。

本書從一個具有多年實務經驗的律師角度，真實描繪出他所看見的「司法真相」是什麼。閱讀本書，我也收穫良多，但書中的部分觀點與我的理解不盡相同，例如：依我的瞭解與觀察，不少行政訴訟的案件，當事人獲得了逆轉勝。然而，這不影響本書的實用價值，我想冀明兄的本意是想提醒一般人要慎重打官司，他以累積多年的訴訟經驗及智慧，告訴讀者們：實際上會影響個案訴訟勝敗的關鍵因素是什麼，又有哪些。

對於在訴訟中努力想要獲勝的當事人，閱讀本書，一定可以得到相當實用的指引；對於已經在訴訟中落敗的當事人，閱讀本書，則可以更加瞭解自己是怎麼輸的。當然，有時候真相很簡單，就是你沒有找到像冀明兄這麼優秀認真的好律師。是的，閱讀本書，可以幫助讀者判斷，所委任的律師是不是在敷衍，甚至欺騙。總之，走過路過，不容錯過這本好書。

本文作者為中正大學財經法律系教授兼法學院院長

Contents 目錄

目錄 Contents

前言

認清司法現實及訴訟主觀面向

本書初版於二〇一二年發行，是繼《律師不會告訴你的事1：打贏官司的三十大心法》及《律師不會告訴你的事2：訴訟糾紛全攻略》之後，系列的第三本書；內容主要介紹我們的司法體系是由一群法律專業人士組成，但法律專業人士與普羅大眾一樣，偶有思慮不周或情緒軟弱的時候，使得司法個案的正義未必能順利實現，因此要提醒想打官司的人，除須瞭解訴訟的客觀內容，也應注意訴訟的主觀面向，亦即司法實務工作者的辦案態度。

沒想到，當年出版前夕，經某雜誌曲解報導為「張冀明律師踢爆司法黑幕」！美麗的錯誤使本書一度熱賣，同時引來特偵組關注，本人因此有幸成為特偵組當年「關切」的對象，多次進入特偵組，親身經歷司法變形蟲的變化，而非以律師陪同當事人的角度從旁觀察，從而更加確認本書所分享的智慧結晶。也因為有過這樣的身歷其境，當出版社為回應讀者支持而準備改版時，在核心架構與內容皆通過實證與適用下，我以擴充資訊及因應法令變更而調整文字為主。

此外，二〇一八年發生「台大沒有校長」的事件，是一件政治力介入行政爭議的典型案例，引起社會各界的矚目。當時我在機緣下得知該事件部分內幕，公開發表法律專業意見，促使時任教育部長的潘文忠請辭下台，最終欣見母校結束「沒有校長」的窘境。藉由改版，也將這段過程增列於第四部「當司法變形蟲遇上政治」。

本書開宗明義說明，如果不幸遇到糾紛時，「訴訟」不是解決問題的唯一選項；倘若操作不當，它可能是最不好的選項，不僅無法使你與他人之間的糾紛得到圓滿解決，甚至讓彼此的關係一刀兩斷。如果你希望徹底解決爭執，必須重回初心，想清楚自己究竟想要什麼，才有破鏡重圓的契機。

其次，我提到必須面對訴訟的三種情形。雖說我們不期待以訴訟來解決所有問題，但不表示「訴訟無用」；就好比儘管多數人不必經常跑醫院，但也不能說醫院無用，畢竟它總是能夠醫治不幸生病的人。在三種不得不面對訴訟的情形下，我以自身經驗提醒當事人，「用心」觀察你所處的司法環境。

這個司法環境是由一群通過國家考試的人組成，主要包括法官、檢察官及律師，由他們來實現司法正義。不過，以我親身的經驗及體悟，這群司法人員的心偶爾會受到魔鬼引誘或攻擊，使司法現況成為隨時可能改變的變形蟲，不容易掌握它變形的程度與形狀，與理想中的司法環境相距甚遠。

另一方面，我以曾經參與過的案子，說明應對這隻「司法變形蟲」時的操作手法，提醒面對訴訟的當事人，要有隨時因應的心理準備，也要隨時調整訴訟策略。同時，當事人要有自立自強的心態，不能完全仰賴他人，因為任何人都有可能受到環境影響，偏離了正軌。

尤其，當司法變形蟲遇上政治時，常常更加難以控制，且在具體的民事訴訟、刑事訴訟及行政訴訟案件中，司法變形蟲也會有不同程度的變化。我以具體個案及親身經歷的案例，說明司法變形蟲的現象，並思考因應對策，但請注意，書中提及的司法變形態樣遠不及實際的各種變化。

本書最後一部，我提出遠離糾紛及訴訟的幾種預防方法，也請上帝賜福所有讀者，「遠離試探，脫離凶惡」，避免所有不必要的訴訟糾紛，走上成功的人生旅途。書末，我將所經歷的特偵組調查過程，以「大事記」的方式做成附錄說明。

本書是《律師不會告訴你的事》系列之一，此系列作品自二〇〇七年發表第一本，前後歷時十年完成四本著作，從不同面向介紹訴訟及打官司的各項細節：

《律師不會告訴你的事1：打贏官司的三十大心法》是從宏觀的角度介紹訴訟的總體觀念，說明訴訟的整體框架，以及操作訴訟的策略與原則——這些認知是打贏官司的基礎，猶如骨骼是支撐人體的主要結構。書中由「訴訟本質」出發，除了介紹我的習法過程，也以「見山是山」的方法，分享我透過親身處理的案例所驗證的訴訟心法。

《律師不會告訴你的事2：訴訟糾紛全攻略》是從微觀的角度切入訴訟問題，針對法律風險、訴訟準備、操作手法，一一提出建議——這些技巧是訴訟作戰的重要武器，猶如血肉是人體靈活運行的根本。書中由「糾紛發生」開始，詳細描繪完整的訴訟地圖，並以「見山不是山」的方法，提出決定官司勝負的十大關鍵。

有別於前兩本書介紹訴訟的客觀面向，本書介紹訴訟的主觀內容，就是整體的司法環境；這個由法官、檢察官及律師組成的體系，是決定司法公正與否的關鍵——司法體系成員的「心」是否公正，是實現個案正義的要件，猶如人的心是支配行動的中心。用心掌握訴訟的主、客觀內容，就能達到「見山又是山」的最終階段。

《律師不會告訴你的事4：如何在訴訟中說服法官》是從法官（檢察官）的角度出發。事實上，「訴訟」是從當事人的角度探討及論述，如果從決定訴訟勝負的法官觀點出發，應為「審判」，兩者相輔相成。因此，有別於前三本書介紹訴訟，第四本書提醒想打官司的人宜設身處地思考法官（檢察官）的立場及心境，如果能正確掌握他們的想法，就能有效地與他們對話，增加官司勝訴的機率。

回想當年本書出版之際，我恰好離開眾達國際法律事務所，赴北京陪家人而暫時停止執業律師一年。沒想到因發表本書而遭特偵組調查及追訴，差點成為「階下囚」。當時我以一般人身分為己奮戰，運用此系列書所揭示的內容，與司法變形蟲對抗，最終否極泰來；而特偵組嗣後於二〇一六年十一月十八日經立法院修正《法院組織法》廢除，但我相信司法變形蟲並不會因特偵組消失而停止變化。

值得一提的是，我在本書中分享一件曾六次向最高法院聲請閱卷，但不得其門而入的個案。當時最高法院採行「祕密分案」制度，舉凡上訴至最高法院的案件，當事人無法知悉承辦法官，即使當事人有權向最高法院聲請閱卷，但最高法院會在當事人閱卷後重新分案，以確保審理不受外界干擾；不過，良好的制度難免遭有心人鑽營漏洞。就在本書初版於二〇一二年上市後的四月十六日，司法院廢除「祕密分案」制度！自此，舉凡上訴最高法院的當事人都可向最高法院查詢承辦法官；因此，本書提到的上述案例已成為絕響。而我因親身經歷特偵組的「追殺」後，決定重返律師執業，期盼能繼續協助身陷官司泥沼的當事人，減少因司法變形蟲隨意變化所遭受的痛苦。

最後，感謝上帝賜我美好的雙親，健全我的人格；賜我體貼的妻子，無悔地陪伴我；賜我乖巧的兒女，激勵我前進；賜我眾多的客戶，成就我的體悟；賜我各方的好友，敦促我成長；更賜我發表本書，深入經歷及瞭解司法現實面。

願基督耶穌的愛，化解所有糾紛，造福台灣及這塊土地上的同胞。

張冀明

第一部

打官司是最萬不得已的選擇?!

如果在人生的道路上，每每遇上抉擇的十字路口，也有可供依循的紅綠燈，綠燈行、紅燈停，或許我們就可以省下許多煩惱，安然度過。可惜的是，我們常常站在人生的十字路口上，不知道該停下來，還是要快速通過。抉擇中，總是有得也有失。

有部改編自真人真事的電影《靈光乍現》（*Flash of Genius*），故事講述一名大學教授兼業餘發明家，以小蝦米對抗大鯨魚之姿，與福特汽車公司之間的訴訟戰爭。

鮑勃．卡恩斯（Bob Kearns）生長在美國汽車工業發軔時期的底特律，當地大部分的居民都從事機械工作。當時汽車的雨刷只有兩階段功能，只能定速擺動，所以常因雨刷功能不彰，釀成許多交通事故。有一天，鮑勃在大雨中開車時，忽然靈光一閃，想出了「間歇性風擋雨刷」的發明，並進一步申請專利。

鮑勃在取得專利後，與底特律的福特汽車公司洽談合作，福特公司對鮑勃的發明很感興趣，於是僱用了他，並表示將把他的發明用在新車款中。然而，事後他們竟然解僱鮑勃，同時宣稱福特公司早已發明類似的產品。

後來鮑勃發現福特公司使用的雨刷，與他的專利設計完全相同，在交涉未果的情況下，他對福特公司提起告訴。福特公司企圖以拖延戰術，讓鮑勃陷入資金困頓，不過鮑勃並沒有退卻，反而將所有精力用於應付官司。這場訴訟占據了他全部的生活，原本支持他的妻子，因為受不了丈夫的執著而選擇離開。期間，福特公司曾提出三千萬美元的和解金，但遭鮑勃拒絕，因為他起訴請求的金額高達十六億美元。經過十二年的纏訟，鮑勃贏得最後的勝利。

固然鮑勃堅持理念的結果，伸張了他所認為的正義，也取得金錢上的利益，但他最終沒有得到妻子的諒解，失去了一個完整的家庭。

想清楚你最在乎的是什麼

如果你是鮑勃，你會做出什麼樣的選擇？

為了追求心中的正義，寧願冒失去家庭的風險？

為了顧全家人親情，寧願犧牲堅持的公理原則？

鮑勃為了捍衛自己的專利發明，不惜與當時最大的汽車公司打官司，而且選擇堅持到底，不接受和解。儘管到頭來他得到了公道，也獲得大筆的金錢補償，可惜卻賠上了家庭。你認為值不值得呢？

如果鮑勃一開始就知道投入訴訟，堅持公理正義的代價，是如此之高，他是否還會選擇走上這條路？法律是為了規範人與人之間的關係，而訴訟則是解決法律糾紛的一種途徑，但是這個理想的制度設計，在現實生活中似乎並非全然有效。

解決糾紛最原始的方法是透過武力，稗官野史中各種門派林立，武功高強、技藝出眾的人，最終成為勝利者，但是這些得勝的人未必都是代表公理正義的一方。隨著時代演進，人們不斷思考公平正義的意義與價值，於是在民主法治的思潮下，法律規範成為人類世界的普世價值。

法律是為了維繫人們相處的和諧，但是人類的生活層面複雜且多樣，加上法律是由代表民意的立法者所制定，而這些人不一定是最有智慧的人，也無法預見人們所有的生活內容，所以常有人感慨我們的法律難以符合時代潮流，往往落後於社會的發展。尤其，科技與網路的發達，不僅顛覆了過去基本的生活方式，資訊快速汰換，更加凸顯法律規定無法反映生活的實際困難。

訴訟是解決糾紛的一種方式，理想上，你可以針對雙方的爭議問題，透過訴訟的程序，在法官面前重現糾紛經過與原委，法官則依照訴訟法的規定，仔細聽完雙方各自的委屈，判斷是非對錯。這就好比生病的人必須忍耐治療的過程，才能恢復健康。然而，理想的訴訟制度在現實生活中，並不是那麼容易落實，甚至根本無法做到。

法律規範與訴訟制度難免存有漏洞，一旦遭有心人士刻意設計與利用，法律所欲強調的公平正義就會遭到扭曲。舉例而言，早期《刑法》通姦罪還未廢止前，法律對通姦罪的認定，不一定要捉姦在床，只要男女衣冠不整或一絲不掛，通姦罪就可以成立，後來有人提出「衣冠不整不一定有通姦事實」，因此在「罪刑法定主義」的要求下，「捉姦在床」成為通姦罪的必要證據。

但是，捉姦在床談何容易？在證據資料不易取得的情況下，法律處罰通姦的相關規定不易落實，自然無法有效遏制所謂的「小三」現象。

同樣的，論及公務員有無貪污，只要公務員是明知而收取賄賂，就應該成立犯罪。不過，有人辯稱自己不是明知，在沒有證據證明下，法官也無法判定罪名成立；甚且，有時公務員明知的事證明確，但又提出所謂「大水庫」理論（主張鈔票是不記名的，即使把公款先放進私人口袋，只要後來用於公務的金額大於收取的錢，就算無罪），並且獲得法官採納。如此一來，貪污治罪對公務員的警惕與遏阻效果自然受到影響。

如果你是小三事件或是公務員貪污的受害者，當你知道司法實際運作的現況與理想司法制度之間存在這麼大的差距，你還會堅持追求公平正義的實現嗎？

法律不是萬能的

追求文明生活，遠離暴力失序，是法律制度產生的原因之一；人口增加，人與人之間往來摩擦的機會變多，因此需要制定互動的規範，這也是法律制度產生的原因。理想的法律是針對人們的生活做出合理的規範，有效維繫和諧的關係。

工業革命、科技進步及網路發達，大大改善了人們的生活，可是原本的法律規定並無法預見科學進步的方向和腳步，更沒有辦法防堵人們無窮的野心和欲望。法律的目的原是讓人類互動有所依據並更加和諧，但是法律無法趕上人們的心，也趕不上科技創新的速度，以致人們常有法律與現實社會脫節的感受。

然而，過度強調法律而未考量人情事理，並非法律制定的原始目的。美國一位身兼律師的哈佛商學院副教授班傑明．艾德曼（Benjamin G. Edelman），曾於二〇一四年十二月間向一家位於波士頓市區的四川餐館點了外送餐點，事後他發現每道菜的價格比網路菜單上的價格多了一美元。

他不甘心被當冤大頭，於是發了長篇大論的信給該餐館要求賠償。對方同意退還多收取的四美元，並向他解釋因物價上漲，實體菜單已調整價錢，但網站上的菜單尚未更新。艾德曼不接受這樣的解釋，反而以美國麻州的法律規定（業者對「超額收費」部分應予三倍賠償），要求餐館須退款十二美元，並強調對方明知網站上的菜單已過時，仍以此招攬顧客並收取高額餐費，是故意違法行為。

他更表示，餐館官網上寫著「價格可能會有所不同」的免責聲明，是抬高菜單價格的藉口；他甚至要求對方應退還他消費總額的一半款項，做為答謝他的好心提醒。此外，他也向波士頓政府相關部門要求提供所有受影響的消費者名冊，以協助他們向餐館請求退款。

這位副教授高舉法律大旗的舉動，引起媒體報導及網民注意，不幸成為眾人抨擊的對象，進而影響哈佛大學校譽，哈佛大學最終決定不再續聘，他因此失去申請終身教職的機會。

在追求個人欲望滿足的過程中，個人利益與群體利益之間的衝突在所難免，法律如何調和兩者之間的矛盾，也挑戰了法律維持社會秩序的功能。尤其，在民主選舉的制度下，法律常常遭到不同權勢或利益團體的操縱，公平正義的司法理想或許淪為口號。

此外，自古以來，人類社會一直存在「家醜不外揚」的觀念，從而有「法不入家門、清官難斷家務事」的說法，當問題涉及情感、親情、家庭時，單純的法律規定往往難以解決其中的矛盾與衝突。

既然法律不是萬能的，我們很難單純以法律規範做為行為準則。很多時候，儘管於法有據，但不表示你的行為或決定是正確的。一個出軌的丈夫或太太，或許有可能獲得司法有利判決，但他或她的行為違反道德良心，也違背婚姻承諾；一位昧於政治良知的公務員，或許可以獲得無罪的判決，但絕不表示他展現了正確的工作態度。

人生的選擇與抉擇

面臨進退的抉擇時，究竟何時該選擇堅持下去？何時該決定放下？總有說不出的理由，使我們躊躇不前，遲遲無法做出選擇。

看到眼前的帥哥美女，猶豫著要不要去追求，心想日後不知是否會遇上更帥、更美的人，或怕自己選錯對象，只能暗自懊悔；看到股價上漲，猶豫著是否要掛單賣出，擔心一旦賣錯時機，往後股價繼續上漲，只能哀嘆自己少賺了多少；與他人發生法律糾紛，是要花錢打官司，承擔未定的結果？還是要進行和解，接受部分的委屈與心有不甘？

不甘心、怕沒面子、後悔感傷等無形的枷鎖，可能蒙蔽了你的智慧與判斷。僵硬的法律規定也難以提供你人生的指引。就連由上帝揀選，帶領以色列人出埃及的摩西，也在聖經《詩篇》第九十篇第十二節說：「求你指教我們怎樣數算自己的日子，好叫我們得著智慧的心。」

回到前例，電影《靈光乍現》中的主角鮑勃是一位機械碩士，又具有發明雨刷的聰明腦袋，應該是個聰明人。然而，他在決定「和解」或「堅持訴訟」上，似乎做出了很多人都認為不太明智的決定。他或許有非常充分的理由堅持打官司，但不論理由多麼正當，他的家人顯然無法理解和接受他的決定，從而造成家庭破碎的遺憾。

糾紛的十字路口

當你不幸與他人發生糾紛爭執，正在思考要選擇什麼樣的解決方法時，你應該以什麼樣的態度來面對這件事？你應該依據什麼樣的標準來做出決定呢？

訴訟或仲裁是一場「賭注」

「法院訴訟」或「提交仲裁」是我們熟悉的糾紛解決手段，但是大多數的人從來沒有訴訟或仲裁的經驗，不知道實際運作的方式，也不知從何開始、如何進行，當然更沒有辦法預測結果會是如何。甚至，訴訟或仲裁未必是最好的選項，如果操作不當，還可能是最壞的解決方式。

即使你瞭解訴訟及仲裁的相關規定，但勝負仍是取決於第三人，也就是法官或仲裁人。這場司法戰爭在法官或仲裁人做出決定之前，沒有人可以保證一定會獲得勝利，縱使你委任一流的律師，他也不敢拍胸脯保證一定會贏。如果你真的遇到向你保證一定會贏的律師，那麼他一定是在欺騙你。

一旦決定打官司，必定要做好萬全的準備，注意操作的每一項環節。訴訟戰爭猶如球賽，在終場鈴聲響起時，勝負才算底定。因此，如同開刀治療疾病，在傷口痊癒前，仍要注意避免感染，否則難保不會出現功虧一簣的遺憾。然而，完善的訴訟準備只是打贏官司的必要條件，卻無法保證一定勝訴。

事實上，影響訴訟勝負的原因很多，成敗的關鍵之一在於，哪一方提出來的說詞可以打動法官或仲裁人的心，說服他們相信你的主張，即使這個主張不是「事實的全貌」。不過，在訴訟過程尚未結束之前，通常無法看出你是否已打動了法官或仲裁人的心；甚至，你也可能「不懂法官的心」，錯誤解讀他們的想法，造成出乎意料的失敗結果。

有位資深的律師曾私下感嘆，隨著年歲增長，累積許多開庭經驗，竟愈來愈無法預測案件最後的勝負，甚且預測結果常與法官判決的結果相反。所以，即使是經驗豐富的專業律師，仍無法預料與自己具有相同法律背景和溝通語言的法官在想什麼，訴訟戰爭沒有人有十足的把握。

從機率來看，訴訟的成功比率有二分之一，失敗比率也是二分之一。不過，想想看，當你取得成功時，這把訴訟大刀已經將你與對方的關係斬斷，你獲得勝訴的相對代價就是失去與對方的情誼，所以這二分之一的勝利機會值得你去下注嗎？

糾紛發生的原因通常很難完全歸咎於某一方。依我過去的經驗，所有的訴訟案件，從來沒有一方絕對有理、一方絕對無理的情形。或許是你的某個無心之舉，引來對方的覬覦，對方固然不對，但你也並非全然無辜，雙方要各為糾紛產生的原因及可能的結果，承擔不同比例的責任。

因此，當你將糾紛提交訴訟或仲裁時，怎麼能期待身為第三者的法官或仲裁人，針對你多少也應該負擔的責任，判決你全然獲勝？相對的，如果你是訴訟失敗的一方，不僅無法取得原先想透過訴訟獲得的東西，甚至還因為這把訴訟大刀的切割，使你與對方之間的情誼蕩然無存，不啻賠了夫人又折兵，這場訴訟賭注似乎對你沒有太多好處。

打官司是個容易但未必正確的決定

面臨「做與不做」、「要與不要」，總有二分之一的正確可能，也有二分之一的錯誤可能。解決糾紛的方式，簡單來說也有兩種選擇：一是打官司，一是不打官司。選擇本身沒有對錯，似乎也不難選擇，難是難在選擇後的心境，因為人們往往害怕在未來的某個時候，會後悔之前所做的決定。

當你決定進行訴訟或仲裁時，便是延續了糾紛的態勢，確立雙方的對立局面，正式宣戰。這麼做實際上並不是真正解決雙方的衝突，只是延後解決問題的時程，並且請求第三者來幫你解決。然而，這第三者是否比你更有智慧，你無從得知。所以說，決定打官司很容易，但這個決定未必是正確的。

或許你認為法官或檢察官是通過國家考試及格的法律專業人士，將糾紛事件交由他們處理，是一個公平合理的選擇。然而，一位退休的法官曾說：「以司法判決解決問題，總是不太圓滿。」這位從事審判工作大半輩子的司法前輩，在退休之後有感而發地說出了一生從事司法工作的體悟。

在我從事訴訟律師的歲月中，很少看到訴訟判決做出後，輸的一方會心服口服地承認失敗。敗訴者通常會不斷想辦法尋求突破，提出再審、非常上訴，甚至走上街頭，尋求群眾支持，期待以另一種方式改變已經確定的判決。勝利的一方或許取得短暫的喜悅，但糾紛雙方的問題並沒有因此化解，更難以破鏡重圓。

對於委託我辦理訴訟案件的當事人，我總會在決定接受委託之前，試探性地詢問他們是否有和解的可能。但多數時候，細聽他們訴說糾紛始末、看著他們數落對方不是的氣憤心情，我知道很難在短時間內說服他們改變心意，只好盡心為他們爭取訴訟權益。

即使透過訴訟達到和解目的，往往也很難看到糾紛雙方重修舊好。最讓我耿耿於懷的，是一位當事人與家族長輩和弟弟之間的事業糾紛。這位當事人雖曾聽取我的建議，試著與弟弟和解，卻遭到對方惡言相向，我事後只好依他的選擇提起訴訟。在為他爭取利益時，我們有了一個很好的契機，可以和另一方握手言和。我本以為這位當事人以訴訟方式達到目的，並以和解收場後，會基於血濃於水的事實，重修兄弟與家族的關係。但事後瞭解，我的期待落空了，這位當事人並沒有因為訴訟和解，重新找回家庭和樂。他固然從長輩和弟弟那裡取得了一大筆金錢，卻也因此失去了親情。

這就是我在前作中提到的，訴訟像是一把雙面刃，刀最好不要隨便出鞘，否則傷人傷己。糾紛的任何一方決定提出訴訟，就是將雙方的關係一刀切下，即使事後有機會和解，已經造成的裂痕能否彌補，考驗著彼此的智慧。這就好比在決定以開刀的方式治療病痛前，一定要經過審慎的評估與考量，確定你的身體是否承受得起開刀的折騰與漫長的復原過程。

很多當事人衝動地決定提起訴訟，沒有想到揮舞訴訟大刀的可能後果，等到大刀舉起，揚起一陣不小的風暴後，也許因為無法控制「訴訟主場優勢」，或是無法承受訴訟壓力，或是因為其他事情牽絆，無法繼續專注於這場訴訟，導致進退維谷的窘境。

訴訟實在不是解決問題的必然選項，它只是糾紛無法獲得圓滿解決下的無奈選項。訴訟是將自己的糾紛交給第三人決定，等於是將解決問題的主控權交給第三者，也就是將自己的部分人生交給別人來決定，不可不慎。

和解是個不容易但也許正確的決定

想要圓滿地解決糾紛，最好先冷靜下來，回想與對方開始接觸和合作的「初衷」，想想你們之間共同的期待。藉由冷靜地回顧過去，常常可以找出彼此到底是在什麼時候、什麼地方，走上了分岔路。

生氣的時候無法做出理智的決定，尤其與他人發生糾紛時，實在很難回想對方的優點，反而會因為心中怒火，擴大對方的缺點，甚至鑽牛角尖地想著對方的種種不是，並且盡可能合理化自己的行為，把一切錯誤歸咎於對方。

如果一直跟著這樣的感覺走下去，彼此的衝突情勢必然升高。缺乏良好的疏通管道，走上打官司之路就成了必然的結果。但是，訴訟真的可以解決彼此之間的問題嗎？有多少官司的結果可以讓雙方重修舊好呢？

退一步海闊天空，這句話說來容易，做起來很難。遇上糾紛，若你自認沒有理虧、沒有錯誤，就很難選擇退一步。很多人衝動地提出訴訟，最後無法得到預期的結果，即使獲得部分勝訴、部分敗訴，仍然不滿意。他們無法接受訴訟戰爭已經結束的事實，終日悶悶不樂，最後性情大變，甚至影響精神狀態及身體健康。

聖經故事中，保羅看到許多基督徒之間存在紛爭，產生不必要的精神與物質損失，於是在給聖徒的書信中說道：「不要為自己伸冤，寧可讓步，聽憑主怒。」（聖經《羅馬書》第十二章第十九節）及「伸冤在主，主必報應。」（聖經《希伯來書》第十章第三十節）如果你有信仰的支持，可以試著依照聖經中的提示，選擇做出「讓步」的決定，甚至寧可聽由上帝的安排，這樣你的心靈可以重獲平靜，在未來的歲月中，你所得到的將遠超過你從訴訟中可以獲得的利益。

年輕時的我急著創業，急著賺錢，期盼給家人多一點生活保障，於是相信一位朋友的建議，將早年努力的所有積蓄交給他投資。本以為朋友可以信賴，事後卻發現他騙了我，沒有依照原先承諾的內容，處理我的投資款項，使得我負債累累。

我當時曾衝動地想提出刑事告訴，追訴朋友的違法行為；但想到我過去承辦許多案件，看著當事人經歷訴訟過程的心情起伏，少有人可以在這段過程中，依然保持平靜的生活及正常的工作表現。幾經思索後，我選擇放下，沒有追訴朋友的違法行為。畢竟，檢討起來，我因為忙於處理別人的訴訟案件，疏於關心自己的事和朋友的行為，才使得對方有機可乘，所以我對自己的損失也須承擔責任。

同時，我不願意為了爭得法律上的對錯及挽回金錢損失，再一次挑起過去的痛苦回憶，甚至將原本可以自主的事情交由第三者來評斷。當時，我的基督信仰幫助我走出了心情低潮與陰霾。

我因為選擇放下而取得的心靈平靜，使我可以專注在律師的訴訟工作上，從而獲得許多當事人的信賴，將律師生涯推向顛峰；也因為專注於工作的體悟，讓我得以整理自己的訴訟經驗，撰寫多本與訴訟相關的書籍，系統介紹自己體悟的訴訟心法及技巧，給自己留下美好的回憶。相較於爭回投資損失，這些收穫有價值多了。

我當時選擇放下，如今看來是正確的。而且，我也得到以下體悟：

常將「誠信」掛在嘴上的人，你要特別小心，因為他可能就是最不誠信的人。同理，如果有人一再強調他是怎麼樣的人，你最好要提高警覺，「聽其言而觀其行」。

承認自己也有錯，努力學習聖經《腓立比書》第三章第十三節提醒的：「弟兄們，我不是以為自己已經得著了，我只有一件事，就是忘記背後，努力面前的。」當時我因為沒有退路，反而可以靜下心來，奮發努力，才能成就今日的一切。從這個角度而言，我真該感謝那位朋友給我的磨練與激勵。

年輕時的切身之痛，是我刻骨銘心的記憶。這個傷痕不斷提醒我：「凡事不能操之過急，要腳踏實地，按部就班。」

當時的我曾經痛苦萬分，一方面要安慰家人，不使家人的生活受到影響；另一方面要自我反省，承認自己的錯誤，不要將目光一直放在朋友對不起我的地方，而是檢討自己的疏失，以求得內心的平靜。

如今想來，那一次失敗的教訓，正是上帝賜給我的機會，讓我反省自己忙碌急躁的缺點，也因此提升了我的靈命，讓我藉由專注工作而精進了訴訟技巧，並能夠在兩岸三地發表不少書籍。這個原本看似我人生中的災難問題，反而是成就我享受豐厚美果的祝福。

這不禁讓我想到聖經《創世記》第四十五章第五至八節裡記載的：約瑟被兄長們陷害賣到埃及為奴，經過十餘年的受苦磨練，卻當上了埃及宰相，成為以色列人在饑荒年代的救贖者，而他的兄長們也因此得到了拯救。他的兄長事後承認錯誤，但約瑟沒有懷恨在心，反而協助他們來到埃及安居樂業。

如果你可以像約瑟一樣，正面看待所遭遇的糾紛，以積極樂觀的態度面對糾紛處境，重新檢視人生，甚至尋求基督信仰協助你走出心靈的苦悶，相信一時的苦楚，事後必會成就另一番美好的祝福。

沒有人在發現自己走錯路後，還會繼續往錯誤的方向前進。大多數人都是不小心偏離正途，原因很多，其中的一個主因應該是被眼前的美景所吸引，忘了回頭看看來時路，進而偏離了原來的軌道。或許，當你轉個彎選擇放下，回頭想想合作開始的初衷，就會有不同的體悟，讓你和對方可以從分岔路走回平行道上。

打官司前要評估些什麼？

在你決定以訴訟的方式解決糾紛之前，是否想過自己對於司法制度瞭解多少？你是否瞭解訴訟的遊戲規則？畢竟訴訟不只是單純適用法律條文的結果，也不是單純取決於法官的判斷。訴訟必須考慮許多層面，就好比醫師開刀要注意各種細節，包括病人身體的特殊反應、醫院開刀房的客觀條件等等。一場圓滿的訴訟，是在

「人、事、時、地、物」等各方面都考慮周到下，才能保持順利進行。

如果你不瞭解訴訟實務，一旦決定提出訴訟，風險相形提高。很多人以為找到一位優秀的律師，將所有希望寄託於這位律師身上，自己就可以高枕無憂，靜待佳音。但是，沒有任何律師可以保證訴訟必勝，如果你沒有和律師保持密切聯繫，監督他們的服務，就無法期待訴訟可以解決糾紛。

倘若訴訟結果不符你的預期，原本已經難解的糾紛問題不僅沒有得到解決，反而加深了難解程度，還有可能引發另一場風暴。所以，在訴訟開始前，最好先思考可能敗訴的後果，以及可能遭到司法不公對待的因應之道。

決定是否提起訴訟時，應該考慮的因素有哪些，在此分兩個層面來探討：一是個案當事人的主觀因素；二是訴訟環境的客觀因素。前者主要涉及參與訴訟的每一位當事者的「人性」；後者涉及社會的「風土民情」。依我的經驗，有下列幾項因素值得思考：

自己個性的掌握

每個人的個性都不一樣，看待問題的態度也就不同。有人生性樂觀，有人生性悲觀；有人態度積極，有人悲觀消極；有人斤斤計較，有人大而化之；有人追求完美，有人得過且過。

提出訴訟的目的，是要控制損害的範圍，並且使損失可以獲得彌補。你是訴訟結果最後的承擔者，所以在決定提出訴訟前，要考慮自己的個性究竟能夠承擔多大的敗訴風險。

訴訟是雙方爭執是非的過程，在過程中惡言相向、互揭瘡疤在所難免，你的個性承受得住這樣的攻擊嗎？這樣一來是否會影響你的正常作息？是否會引發你的舊疾？所有這一切都要事先謹慎地加以評估。

對方個性的瞭解

常有人說：「只有朋友騙得了你，因為你們走得近，對方瞭解你，知道你的弱點。」在與朋友的交往中，少有人會處處設防，然而，一旦發生糾紛，你或許會發現自己完全不瞭解這個朋友。

你的朋友究竟是吃軟不吃硬，還是吃硬不吃軟？對他提起訴訟究竟是解決問題，還是製造問題？他是翻臉不認人，還是一時遭人誤導？訴訟手段是否過於強烈？他是否有難言之隱？

「不知敵人的虛實」，乃是兵家大忌；「知己知彼」，才是克敵之機。在你決定提出訴訟前，最好重新評估對手。畢竟，「和好交往」與「相互敵對」是截然不同的情境，千萬不可以掉以輕心。

利害關係人的想法與反應

真正的戰爭通常會禍及鄰國，而訴訟戰爭雖然是訴訟雙方交手，但是雙方的朋友、員工、同仁、親屬等，也會成為「利害關係人」。在決定打官司前，必須顧及這些利害關係人的想法，以及可能的反應。

至於訴訟的主要核心，如：法官、檢察官、書記官和律師等，他們對你的糾紛事件和你的立場抱持什麼看法，你也必須仔細思考。此外，有可能成為糾紛雙方的調解人或和事佬的人，你最好也能一併瞭解他們的想法。

在你考慮是否要以訴訟解決糾紛時，一定要通盤瞭解這些周遭的利害關係人有什麼想法與反應，隨時注意他們的變化；就好比醫生開藥後，要追蹤病人的身體反應，才能適時決定是否調整醫療方式。

客觀環境的考量

所謂客觀環境，指的是社會對某種事件的反應。如果你的糾紛內容與社會當時所關注的問題相同或相似，在你決定提起訴訟之前，最好考量社會大眾的反應。假如你是大多數人認為受委屈的一方，法官判決你勝訴的機率自然提高；反之，如果你是大眾認為欺負他人的一方，最好審慎評估是否提出訴訟，以免遭到不利判決。

數十年前，當勞工意識抬頭，社會輿論一面倒地支持勞工權益時，從法院的判決統計資料可以清楚看出，有關勞資糾紛的案件，法院判決勞工勝訴的比例大增。後來，《勞動基準法》實施多年，加上社會經濟環境不佳，資方獲利不好，為了活絡經濟，調和勞資關係，確保資方能夠永續經營，法院也會改變過度保護勞工的傾向，進而認定資方有理。

類似的情形，也可以套用在二〇〇五年前後國內多起「內線交易」案的調查。當時許多企業主管遭到相關政府部門調查是否涉及內線交易，幾乎所有股票上市的企業都遭到金管會鎖定，將可疑的相關經理人移送地檢署偵查。當時有買賣股票的企業經理人無不擔心受到波及，而且只要遭到檢方傳訊的人，少有不被起訴。

同樣的，社會對某特定事件產生的看法，也會影響法官審理的角度。例如：美國的辛普森案（O.J. Simpson），辯方律師成功地選擇了對辯方有利的陪審團成員，同時運用美國長期以來的種族議題，將辛普森有無殺害妻子這樣單純的刑事案件，轉移成黑人遭到種族歧視的社會議題，因此贏得多數由黑人組成的陪審團判定辛普森無罪；但是這個判決結果並沒有改變大多數美國人認為辛普森就是殺害妻子的人。

此外，社會對於「性騷擾」事件似乎比較傾向同情遭到騷擾的女性，一旦男性遭到女性指控性騷擾，輿論通常不太同情男性；相反的，男性如果主張遭到某位女性性騷擾，似乎比較難被認同與接受。就此而論，男性的行為就要特別小心謹慎。

「恐龍法官」一詞常見於媒體報導爭議案件判決時所使用的評語，歸根究柢，就是法官們在象牙塔裡待久了，忘了要衡量社會民情並顧及輿論觀感，對於客觀環境的情勢，沒有多加考量。從當事人的角度來看，倘若承審的法官對於每日的社會變化有所警覺，在潛移默化中，個人的價值取向會與社會意識結合，自然對審理的案件產生一定程度的影響。所以，在你決定提起訴訟的前後，最好全面評估案件內容與審理法院所在地的社會風氣。

當然，上面所列的四項因素只是提供你做決定的參考，並不表示只有這四項因素值得考慮。不論這四項因素占你考量的比重有多少，總之，你所做的決定最好能夠讓未來的人生道路更寬廣，不要愈走愈狹窄。

第二部

揭開司法制度的面紗

小時候，我家就住在法院與監獄旁邊，每天上學總會經過法院和監獄，偶爾還會看到監獄犯人出來勞動。記得母親曾告訴我們，有個刑事重犯逃脫，要我和兄姊們盡量不要外出，以免被壞人抓走。當時我完全不知道這兩個場所的功能，只曉得兩個地方的中間有個廣場，可以讓我和鄰居小朋友一起玩耍。

高中畢業面臨大學聯考，由於姊姊早已在台大念書多年，瞭解北部大學的生態，於是我請她代我填寫聯考志願卡，把我的未來交給她。等到聯考放榜，我才知道自己考上台大法律系法學組。姊姊原本希望我念商學科系，但上帝已決定要我念法律，我上了姊姊為我填寫的第一個法律科系。

法律不是我的第一志願，當時我不知法律為何物，只知道考上台大是件令人興奮的事。直到父親的朋友送我一本六法全書，我翻閱著厚達十五公分以上的「有字天書」，簡直不敢相信自己即將面對看不懂的數萬條條文。進入大學就讀、考上律師並參與法律實務工作後，我才真正瞭解法院及監獄的作用及功能，也逐漸熟悉我們的司法制度。

回首習法、用法的歲月，早已與法院結下不解之緣，它已然成為我生活中的一部分。每當出差台灣各地，或是走訪其他國家，我都會到當地的法院走走，感受當地的司法氛圍。我常在想，一般民眾究竟對自己國家的司法制度瞭解多少？

司法制度的本質

不論各國採行什麼樣的政治體制，經過長年的演變，理論上「司法」已經成為獨立於「行政」與「立法」的一種機制。司法的本質是要判斷是非，它的理想就是公平、公正，君王與庶民在法律之前一律平等。

司法公正與否，代表一個國家的政治是否清明。司法如果獨立公正，政府自然能夠贏得民眾的信賴。各國司法制度或有不同，但是對於司法的理想與目的，並未有所差異。

司法審判的精神亦可見於聖經《申命記》，由於以色列人離開埃及地，即將進入迦南美地，享受自主太平的生活。所以，上帝在以色列人進入迦南地前，曉諭摩西如何處理以色列人之間的爭訟。《申命記》第十七章第八節以下記載，以色列人如果有了爭訟、流血或爭競難斷的事情，要到上帝選擇的地方，求問祭司及審判官，他們會將判語指示下來。

聖經記載的祭司及審判官享有神聖的職責，他們時常親近神，所以有清明的心可以斷定以色列人的是非。同時，他們必須在上帝選擇的地方進行這項工作，而上帝也會親自看顧。祭司及審判官忠於上帝託付的使命，可見斷定是非的工作是非常神聖的。

這套判斷是非的制度經過數千年演變，留下了審判官的職位，而祭司則因不同的宗教思維而有不同的變化。直到民主時代，一切由人民做主，各國產生審判官的方式不盡相同。根據我國的制度，審判官要通過司法官考試，並經過一定期間的訓練。

不過，法律沒有要求通過司法考試的法官必須清心寡欲、生活簡樸，更不可能要求他們要時常親近上帝。所以，現行司法制度中的法官只是單純的人，他們和我們一樣有著七情六欲，一樣會犯你我可能犯的錯誤。

《申命記》第十七章第十二節記載，如果有人不聽從祭司或審判官的決定，那人就必治死。由此可見，這套論斷是非的制度非常神聖，而且效力極大，不遵從者甚至可以處死。時至今日，各國對死刑已紛紛思考廢除，但是對於司法審判的結果，法律同樣賦予極崇高的地位。

這套審判對錯的制度設計，目的是在維持社會的基本價值，使得公平正義可以落實。司法不因群眾力量、政治關切、人情關說等不當勢力介入，而任意改變判斷基準與結果。

「人治」vs.「法治」

衡諸歷史，人類社會最早是「神治」時代；之後，君主社會產生，隨之而起的是「人治」社會；而今，民主自由時代，「法治」成為社會主流。

究竟人治好，還是法治好？這個問題長期以來爭論不休。不過，所謂「徒法不足以自行」，不論司法制度設計是否完善，總要由人來執行。如果沒有正確的人來執行司法制度，再好的制度也無法落實；相反的，即使司法制度不完美，只要由沒有私心的人來執行，仍然可以維持公正，獲得人民信賴。

一九七二年，美國總統尼克森（Richard Nixon）執政時，爆發他利用公權力監聽競選對手活動的「水門事件」，案情最後直指尼克森本人知情並參與其中。當時的司法部長理察森（Elliot Richardson）應參議院要求，指定考克斯（Archibald Cox）擔任特別檢察官（Independent Special Prosecutor，或稱獨立檢察官）調查此案。

考克斯要求尼克森交出監聽錄音帶，但遭尼克森拒絕。尼克森於一九七三年十月二十日下令理察森將考克斯免職，但理察森為了維護特別檢察官的獨立調查權，拒絕尼克森的命令，決定掛冠求去。之後，尼克森繼續要求繼任的司法部副部長羅寇豪斯（William Ruckelhaus）解除考克斯的職務，但羅寇豪斯也寧可辭職，不接受此一要求。

最後尼克森要求司法部第三號人物，就是聯邦檢察總長鮑克（Robert Bork）代理司法部長職務，他後來依照尼克森的要求，簽署解職考克斯的命令。由此事件可知，美國前後任司法部長享有任免特別檢察官的權力，而司法部長有無忠於職務，仍因人而異，前兩位司法部長不願受政治干預，因此辭去職務，但最終仍有人願意配合政治命令。

所以，不論司法制度的設計是否完善，只要有無私的法官、檢察官、律師和其他司法人員共同維繫，不受金錢、名利等因素誘惑，司法仍會受到人民尊重；反之，如果司法人員心術不正，即使民主先進如美國，也會有屈服於政治欲望的不肖之徒。

當年在大學研習法律時，我常聽到學長們高喊「司法改革」，當時我納悶地想：在我們之前畢業的那些優秀師長們，難道都沒有公平正義的理想嗎？為什麼他們進入這套司法體系中，反而成了後人改革的對象？可見，我們的司法制度與司法人員都存在問題。從我學習法律至今，司法制度一直在改，或許我自己也成了當今學子口中高喊要改革的對象了。

二〇一一年五月三日，立法院通過增訂《會計法》第九十九條之一，將過去許多行政首長的特別費案，一筆勾銷，免除他們的刑事責任和民事責任，也就是將過去和現在仍在位的政府官員所涉及的「違法事實」都抹去。這麼做合乎公平正義嗎？新聞報導說這是因為「歷史共業」，事涉許多高級政務官，於是將它全然抹消，而且無須繳回已經領取的金錢。

從這個事件看來，或許可以理解為什麼有這麼多人想從政。依現行制度，所有的法律都是由立法委員制定通過。我們的制度如何，可以透過立法委員的「人心」去瞭解。事實上，不論人治或法治，終究是人掌控了一切，制度再好也可以隨時修改，不予遵守。

司法制度追求公平正義，是維繫社會安定的工具。它本應是一條又寬、又直、又容易讓人遵守的平坦大道。但是，它畢竟是由人制定出來的，也須由人來執行。聖經《彌迦書》第六章第八節提醒我們：「世人哪，耶和華已指示你何為善，他向你所要的是什麼呢？只要你行公義，好憐憫，存謙卑的心，與你的神同行。」

即使我們的司法制度不盡完美，如果所有司法人員都有「行公義」及「好憐憫」的情操，相信一切的紛爭都可以得到美好的解決。然而，並非所有的司法人員都具有如此的情操，使得原本應該是正直平坦的司法大道變得曲折狹窄，甚至崎嶇難行。

法治與人治如果能夠取得平衡互補，必然是人民的大幸。但是，真實的司法環境並不是如此，它隨著在位的司法人員的風骨及情操，產生不同的變化；就好比一隻變形蟲，隨著環境影響、個人喜好、外力干涉，產生不同的轉變，成為獨特的司法現象。不論你是否瞭解司法實務，都得審慎面對這隻司法變形蟲。

我們的司法制度

很多人慶幸自己這輩子從來沒有「跑法院」的經驗。的確，跑法院不是什麼好事，更沒有什麼好滋味。從我執業律師開始跑法院至今，對於這種歷練從來沒有快樂的感覺。

記得我第一次跑法院時，進入法庭，看到坐在高位上的法官，雙腳一直發抖，腦袋一片空白，完全忘記開庭前所準備的有利於當事人的主張內容，更不知道如何有系統地為當事人爭取權益。為了掩飾自己的恐懼，我試圖讓對方律師先發言，以空間換取時間，同時以深呼吸、咬牙、用力與放鬆等方式，盡可能讓自己有正常的表現。

就連我這樣熟讀法律，考取律師資格，穿上律師袍的專業法律人，初次走進法院時都會有如此不安的恐懼心情，對於身歷其境的訴訟當事人，面對一知半解的司法制度，怎麼可能不緊張，又要如何期待他們能夠有好的表現，為自己爭取最大的權益。

無論如何，如果你決定打官司，最好先徹底瞭解我們的司法制度，做好完善的準備，才能降低不必要的訴訟風險。事實上，儘管我已經有無數次的法庭經驗，可是偶爾在出庭前依然會感到害怕，因為我們的司法制度不僅包括硬體的審判設備，也包括制度中不同職位的人員，我必須謹慎地與這些司法人員互動，才能為當事人爭取最大的訴訟利益。

司法制度的硬體部分，主要可以分為審理案件的法院，以及辦理偵查犯罪的檢察署。前者是屬於司法院系統，後者屬於行政院下轄的法務部系統，它們的職務內容與性質明顯不同。

法院是裁判案件結果的地方，法官是執行審理及判決案件誰勝誰負的人。法院可以分為地方法院、高等法院及最高法院。法院審理的案件包括民事訴訟案件、刑事訴訟案件，以及行政訴訟案件。各縣市均設立地方法院，主要審理第一審的訴訟案件；同時在不同的行政區域設立審理簡易案件的簡易法庭。

高等法院主要設立在台北、台中、台南、高雄、花蓮、金門等地，負責審理不同轄區內針對地方法院判決所提出的上訴案件。至於最高法院只有一個，設立在台北市，主要審理不服高等法院判決的上訴案件。

理論上，法官獨立審理及判決案件，不受政黨、機構或其他事物的干涉，這是《憲法》賦予法官獨立審判的保障。但是這個良法美意偶爾會遭到不肖法官的濫用，他們以司法獨立為名，私下與不肖律師或其他人員從事不法勾當，為個人圖利，此舉不僅殘害司法制度，也使得當事人無法獲得公平審判。

檢察署的主要職責是偵辦刑事案件，維護國家與社會安全。它們隸屬於行政體系的一環，不同於法院屬於司法體系。因此，就職務的隸屬關係而言，檢察官辦案必須聽從上級行政長官的指揮，不像法官依照法律獨立審判。另外，從職務功能而言，檢察官只能夠決定是否有犯罪嫌疑，至於是否成立犯罪則由刑事法官來判定。

如同法院有三級，檢察署也是三級制，分別是地方檢察署、高等檢察署及最高檢察署。地方檢察署主要負責刑事犯罪的偵辦工作，高等檢察署則是地方檢察署的上級單位；同理，最高檢察署是高等檢察署的上級單位，而法務部則是主管這三個機構的最高行政單位。

法官有「獨立審判」的權力空間，檢察官則有「偵查祕密」的防護罩。他們有各自的人際關係，許多法官及檢察官從事公職一段時間後會轉任律師，有些人於是利用過去擔任司法人員的交情，從事司法黃牛，敗壞司法制度；部分律師也會利用與法官或檢察官的交情或同學情誼，進行類似的不法勾當。

在我執業律師的生涯中，經歷法院內部裝修與法庭陳設的改變，法院裝設從單純的功能取向，到掛上壁畫注入文化氣息。儘管司法體制的硬體建設明確且與時俱進，但制度還是必須由人來實施。如果司法人員的腦袋沒有跟著進步與改變，依然活在象牙塔中，司法審判品質就難以獲得民眾信賴。

審理制度的設計與現況

聖經記載每個人最終都要接受上帝的審判，聖經中提到「審判」兩個字共有兩百四十一次之多。《馬太福音》第十二章第三十六節說：「你們凡人所說的閒話，當審判的日子，必要句句供出來。因為要憑你的話，定你為義，也要憑你的話，定你有罪。」

面對上帝的審判，我們沒有機會為自己提出辯駁；而民主法治的審判過程，強調「以民為本」，我們設計的這套司法遊戲規則，委由法官擔任判斷是非對錯的主要人物。不論民事、刑事和行政訴訟的案件，都是由法官進行審理。

以法官為核心的審理制度

要說明我們這套審理制度的基本架構，概念可以從聖經記載「亞當與夏娃」的故事說起。當夏娃受到蛇的引誘，吃了禁果，同時要求亞當吃下禁果後，亞當面對上帝的詢問，不敢承認錯誤，將過錯推給夏娃，而夏娃再將過錯怪罪給蛇。這就是人性，「不會主動承認錯誤，而是找藉口推卸責任」。最後，上帝處罰了他們兩人和蛇。

我們的審理制度就是假設一個人在犯錯後，不會主動承認錯誤，還會盡可能強調對自己有利的部分。訴訟雙方都會提出對自己有利的說詞，而法官就在雙方主張的片段事實中，做好「拼圖工作」，有智慧地理出「完整真相」，針對糾紛內容判斷是非對錯。

理想中，法官不僅要有很好的聽力，聽辨訴訟雙方的各式主張；也要有很好的智力，拼湊訴訟雙方的事實全貌；更要有很好的眼力，看出究竟誰沒有說真話；最後，還要有聰明智慧，斷定是非對錯。所以，早期稱法官叫「推事」，取其推敲事理之意，但因有人將之曲解為「一推了事」，於是後來又改稱「法官」。

法官高高坐在法庭中央的審判台上，穿著鑲有藍色飾條的黑袍。法官做出判決後，表示結束了一個審級的法院審理，不論哪一方都不能再請求法官重新審理；輸的一方只能依法提起上訴，請求上一級的法院審理。有些案件只能上訴到高等法院，一旦高等法院做出判決，就是確定判決，不能再上訴。而通常案件都是以最高法院判決為最後的確定判決。

說法官愛聽的內容

案件勝負取決於法官的決定，所以進行訴訟時必須思考如何打動法官的心。如果可以很快掌握承審法官的個性，以及法官開庭當日的心情如何，就可以想辦法從法官愛聽的角度切入你的說理內容，這樣必然可以提高勝訴的機會。

記住，法官不是機器，心情也會起伏不定，所以千萬不要在開庭時，一股腦地說自己想說的話，忽略法官的表情，更不要將出庭視為演說，高談闊論，認為有理就可以走遍天下。博取法官的「青睞」，是案件審理時很重要的事。

「承認錯誤」也是法官愛聽的內容，不過，如果你想在法官面前承認錯誤，倒不如直接在對方面前承認錯誤，或許還有機會可以與對方重建關係。訴訟制度固然沒有禁止你在法官面前主動承認錯誤，可是這套制度遭到許多有心人濫用，導致承認錯誤的人常會遭到法律懲罰，而不承認錯誤的人只要「掰的有道理」或「死不認錯」，在沒有證據支持而查無實證下，反而更有勝訴的可能。

當你堅持「沒有錯」的主張時，要提出符合「經驗法則」與「人情之常」的合理說詞，不要讓法官認為你是強詞奪理。面對這套司法審理制度，原則上不要多說，也不要有話不說，只要說出對自己有利的事實與主張，或是盡可能說出對對方不利的內容，之後就交由法官判斷。

建立你在訴訟上的信用

訴訟雙方必須經過「言詞辯論」，法院才可以結束審理並做出判決。開庭陳述並未限制當事人可以提出什麼樣的內容，如果你認為自己蒙受很大的冤屈，想要不斷強調冤屈內容，你可以重複加強表達。但要注意，在法官面前的主張千萬不可前後矛盾，以免造成法官對你的「信用度」打折扣。

曾見過有位律師，或許承受來自當事人的壓力，面對二審法官想確認雙方一審的主張內容時，竟然推翻先前在一審已經放棄的「請求權時效」主張，她顯然沒有掌握法官的問題，錯誤以為「全盤否認對方的主張」才是固守訴訟城池的好方法。這種一廂情願的象牙塔式訴訟手段，絕不是正確的訴訟手段，有時還會引起法官的質疑。

有一件企業與員工之間的勞資糾紛案件，員工起訴請求確認與企業之間仍存在僱傭關係，並請求從某特定日期開始的「類似薪資的損害金」。面對法官詢問有關「沒到公司上班期間的法律關係」究竟是什麼時，他回答：「公司要求我留職停薪。」既然他主張從某特定日期開始沒上班的法律關係是「留職停薪」，那麼他請求從該特定日期開始的「類似薪資的損害金」就失去了法律基礎。顯然，他前後主張矛盾。這件民事官司是員工主動提出，而他竟然在法院審理數月後，提出上述矛盾說詞，其訴訟上的信用度必然受到影響。

法庭上的所有陳述都由書記官在一旁打字記錄，而書狀則是補充表達訴訟上的主張。所以，在開庭前最好重新翻閱過去在法庭上的陳述及書狀內容，減少前後主張矛盾的風險。切記，維持訴訟上的信用度，猶如生意人維持商場信譽一樣，千萬不可草率。

檢察官是刑事案件的首腦

檢察官和法官同樣都是經過司法官考試選出來的，是司法體制的要角。法官是審理制度的靈魂人物，而檢察官則是代表國家偵查犯罪的靈魂人物。司法實務上，檢察官起訴的刑事案件，稱為「公訴」案件，法官通常會仔細調查與審理；而被害人提起的刑事案件，稱為「自訴」案件，法官通常不太買帳。

各國對檢察官偵查刑事犯罪的規定不太一樣。英美法系國家認為檢察官是政府委派的律師；而我國採大陸法系，檢察官代表國家調查犯罪事實，享有一定的公權力，而且在每個法院都設有檢察官辦案的偵查庭，他們可以要求犯罪嫌疑人到庭說明，也可以對犯罪嫌疑人做必要的處置。

檢察官是刑事偵查中的老大

檢察官享有很大的權力，他們在偵查庭中，坐在高高的桌前，穿著鑲有紫色飾條的黑袍。他們可以命令犯罪嫌疑人提出資料，如果犯罪嫌疑人不從，遭到起訴的機會必然大增。

不同於法官開庭必須公開審理，檢察官開庭採祕密偵查的方式，理論上，沒有人可以查看檢察官調查案件的內容。也因為祕密偵查，自然給了部分心術不正的檢察官有了「活動空間」，使得司法制度難以維持公正。

依照法律規定，檢察官可以指揮司法警察與調查局人員辦案。檢察官有權決定犯罪嫌疑人有無涉嫌犯罪，他們所做的決定是「一次定江山」，雖然不服檢察官決定的人可以向高檢署提出「再議」請求，但是高檢署完全是「黑箱作業」，他們無須開庭就可以決定一切。再議請求只要一經高檢署駁回，就告確定，沒有新事實或新證據，就難以改變。

雖然《刑事訴訟法》規定，如果當事人的再議請求遭到高檢署駁回，可以向法院提起所謂「交付審判」的請求，但是，實務上，法院對於檢察署已經查了兩次的案件，通常會做出與檢察署相同的認定，駁回當事人的請求。從統計數字看來，提起「交付審判」的成功機率不高；不過，提起「交付審判」的案件，卷宗會從檢察署移送到法院，當事人可因此取得閱覽檢察官辦案的所有卷宗，檢視檢方的偵辦動作並依具體情況採取其他訴訟，不失為策略運用的良方。

如果檢察官認為犯罪嫌疑人涉嫌犯罪，而將犯罪嫌疑人起訴時，嫌疑人立即變成了刑事被告，通常就要面對三審的法院審理。對被告而言，刑事訴訟的審理是一場長期抗戰，不僅考驗被告的身體耐力，也考驗心力。

說檢察官愛聽的內容

檢察官決定了嫌疑人是否涉嫌犯罪，因此在檢察官面前，要正確回應問題。如果可以在開庭不久立即掌握檢察官個性，觀察他當日的心情，從他愛聽的角度切入，為自己的清白辯護，必然可以提高「不起訴處分」的機率。

切忌因為遭到調查，在檢察官開庭時，一股腦地為自己辯護，而未仔細聆聽檢察官的問題，造成溝通不良，被起訴的機率也會跟著增加。同樣的，司法警察與調查人員協助檢察官調查案件，他們調查的結果常成為檢察官起訴犯罪嫌疑人的重要依據。由於有辦案績效的壓力，一旦遇上一心想要達成業績的員警和調查人員，自然是凶多吉少。碰到這種情況，必須向檢察官詳細說明，防止檢察官遭到誤導。

如同在法庭上的陳述，偵查中的答辯內容同樣不可以前後矛盾，否則很容易遭到檢察官以「有串供之虞」，向法院聲請「收押禁見」；如果案件不是眾所矚目的焦點，法院通常會買檢察官的帳，嫌疑人在法院還沒有進行審理之前，就會先遭到「牢獄之災」。

雖然你可以提出書狀回覆檢察官的詢問，並陳明你的冤屈，但是檢察官大多會要求你在開偵查庭時立刻回答詢問，而且他們常會反覆提出相同或類似的問題，以測試你的誠實度，必須小心因應。

不要與檢察官對立

檢察官職司犯罪偵查、維持國家安全和社會安定的重要職務，每日面對不同的犯罪嫌疑人。如同法官一樣，他們不僅要有很好的聽力，聽出犯罪嫌疑人是否說真話；也要有很好的眼力，看出犯罪嫌疑人是否做壞事；更要有很好的智力，判斷犯罪嫌疑人是否涉嫌犯罪。

檢察官是人，也有好壞之分。好的檢察官每日面對眾多案件的調查，工作負荷不輕，即使再有智慧的人，也難保不會出錯。他們也都有自己的生活壓力和苦楚，要在工作中隨時保持清明的頭腦、雪亮的雙眼、犀利的聽力，不遭人誤導，實在不容易。

因此，如果你不幸遭到檢察官的調查，最好先瞭解遭到調查的理由。遭到調查的原因有可能是遭人惡意栽贓，也有可能是遭人誤會，你可以在首次遭到調查時，請教檢察官為何調查你。在沒有查明你涉及犯罪嫌疑前，檢察官沒有必要仇視你，你更不應該將他視為敵人。畢竟，他們能夠決定你未來的訴訟之路。

檢察官通常是大學法律科系畢業的學生，在通過司法官考試及受訓後，就必須偵查刑事犯罪。他們屬於法律的專業人士，但未必是瞭解社會各階層現象的人。他們對於調查的事實內容未必有正確的認識，所以嫌疑人最好平心靜氣地說明真相，不要對檢察官有先入為主的錯誤看法。

由於檢察官也是「官」，高坐在偵查庭中，容易因為享有調查犯罪的權力，而忘記自己的神聖使命。不好的檢察官不懂認真辦案，甚至因為權力與金錢等誘惑，濫用「偵查祕密」的防護罩，使得司法正義無法落實。

所以，如果你不幸遭到調查時，不論遇到的檢察官是「天使」還是「魔鬼」，都不要太早預設立場，與檢察官對立，以免產生不必要的成見，影響檢察官做出正確判斷的可能。

律師是在野法曹

法官、檢察官、律師每天處理的都是不快樂的事。打從當律師的第一天起，我就不斷接受到學校沒有教過的許多震撼教育：首次辦理刑事案件，到士林法院開庭，庭訊一結束步出法庭門外，還沒來得及脫下律師袍，就遭到對方請來的黑道恐嚇；首次承辦的民事案件，竟然輸在對方送錢。

隨著時代演變，我辦理的案件類型愈來愈多樣，從「海商保險案件」到「國際貿易糾紛」，之後轉為辦理「社會案件」和「不動產糾紛」，爾後轉進「公共工程糾紛」和「智慧財產權問題」，而且也參與「企業股東糾紛」、「董、監責任」與「白領犯罪」等，不僅豐富我的見聞，也看到如八點檔連續劇或電影情節中那般人性醜陋的真實故事。

律師接受當事人委託，辦理各種不同的法律事務。在法庭中，他們穿著鑲有白色飾條的黑袍，代表著為當事人辯白，維護當事人在訴訟過程中的權益。所以，律師與法官、檢察官的立場不同，甚至是對立的角色，也是司法制度的重要一員。法官與檢察官是「在位的法曹」，而律師則是「在野的法曹」，由三者共同實現司法正義。

律師是監督的角色

身為在野法曹的律師，可以協助老百姓監督法官和檢察官。這個監督功能主要反映在一般人如果不幸遭到檢察官或法官審訊時，可以委託律師陪同他們面對法官和檢察官，一方面保護當事人，防止他們遭到法官、檢察官的不當對待；另一方面可積極協助他們正確回應法官、檢察官的提問。甚且，律師對於政府的新政令，也具有監督政府是否依法行政的功能；對於遭到政府不當對待的人，律師可以協助他們向政府提出請求。

律師雖然具有監督的功能，也可能因為金錢的誘惑而有所偏差，自然就喪失了監督的機制。所以，當你想委託律師為你處理法律事務時，千萬要睜大眼睛，選擇心術端正的律師。我在前作中提及選任律師的參考標準，而且我一再強調，當事人要隨時與律師保持密切溝通，不要放任他們為所欲為，以你聽不懂的話來誤導你。

記住，能夠幫助你的律師，一定會讓你聽得懂他的看法，而且你也有權要求他說明清楚，才能判斷他是否符合你的需求，達到你的委託目的。

律師是當事人與司法之間的橋樑

律師協助當事人面對法官的審訊及檢察官的調查，雖然立場與法官、檢察官對立，但是在整個訴訟過程中，律師也扮演著當事人與法官、檢察官之間的橋樑角色。這座橋樑的工作，主要是對於當事人不瞭解的法律專業，向當事人說明與解釋；對於法官、檢察官不理解的問題與事實，向法官、檢察官澄清當事人的意思。

律師的工作不是單純適用法律條文，他們必須適應時代變化，瞭解經濟活動的轉變。尤其，每種商業交易都存在不同的特殊內容，律師在承辦當事人的具體案件時，對於案件涉及的專業背景要細心瞭解，才能將當事人的意思正確傳達給法官和檢察官。一旦發現你所委任的律師不具備「虛心學習」的心，就該考慮更換律師。

記得開始執業律師不久，我首次承辦不動產建設的案件，針對「連續壁」的概念，與當事人討論許久才獲得正確觀念。所謂「連續壁」，是指高樓建築必須打入地樁，形成如同地下牆壁的設計，防止地基因為挖空地下空間而鬆動，影響旁邊建築物結構。瞭解這個概念以後，我才能將不動產的專業知識和律師的法律專業知識結合，為當事人寫出正確的訴訟書狀，提供法官審理。

但部分不求長進的律師，單純賣弄法律專業，未細心理解當事人的糾紛事件所涉及的專業問題，自然無法將當事人的意見及事實真相正確反應給法官或檢察官，徒增當事人與法官或檢察官之間的誤會，沒有盡到律師應有的專業責任。

我在前作提到了律師應該具備的多方位角色與功能，其中之一就是陪同當事人面對並走過訴訟的人生低潮，建立當事人面對訴訟的信心，為當事人扛起解決法律問題的壓力；必要時，更要與當事人一同對抗心術不正的法官或檢察官的不當要求。

律師必須協助實現正義

律師協助當事人解決法律糾紛，但如果當事人也有錯誤時，律師必須對當事人曉以大義，協助當事人發現錯誤，甚至鼓勵他勇於認錯，不要企圖將錯的事情說成對的，或將黑的說成白的，以協助實現公理正義。

當然，律師負有保守當事人祕密的義務，如果律師無法勸阻當事人，站在正義公理上，律師應該要委婉拒絕當事人的不當要求。一般人常誤會律師，以為他們可以為當事人做出昧於良心的事，但事實並非全然如此，這顯然是不肖律師的錯誤行為，導致了如此「以偏概全」的錯誤印象。

好的律師除了為當事人的委託案件盡心盡力，也要積極勸導雙方相互檢討，減少不必要的紛爭，同時減少法院審理的案件數量，使司法資源獲得正當的分配。這是身為在野法曹的律師，可以積極回饋社會的正面價值。

司法變形蟲

基督神學家詹姆斯．丹尼（James Denny）曾說：「許多人常問，世界將愈來愈好，或是愈來愈壞？樂觀的人和悲觀的人對這問題的看法完全相反。但兩者……都不正確。世界不是單單變好，或是單單變壞，乃是兩者同時並進，一同發展到成熟的地步，結成最豐盛的果實，各自發揮到最大的能力，而世界就是在善與惡兩者互相抗衡中進展。」

不論你是否贊同這個說法，可以肯定的是，這個世界上確實有好人也有壞人，在商場、家族、公司、司法界，都是好人與壞人並存。《馬太福音》第十三章第二十四節以下記載耶穌說「天國」的現象，那是好的麥子與壞的稗子一同生長的地方，而最後只有麥子會被收割存在倉庫，其他就會燒掉。

如果我們將司法環境視為一個整體，那麼它的組成分子都具有一定的專業水準，但每個成員的個性不同。整體司法環境猶如一隻變形蟲，它所形成的外觀完全取決於司法人員的操守，一旦司法人員操守不良，司法環境自然會產生變形。

假設我們期待的理想司法是一個公正、公平及公開的圓形體，就表示這個司法環境裡的每一位成員也應該是公平正義之士，才能讓這個圓體保持圓順。但事實上，因為司法人員也是生活在現實社會中的一員，會受到各種誘惑而改變，當他們長出曲角，原本的圓體就難以維持。

好壞司法人員並存

聖經《耶利米書》第十七章第九節說：「人心比萬物都詭詐，壞到極處，誰能視透呢。」司法人員學習法律知識、通過司法考試、接受實務訓練，但他們並沒有比你我上過更多關於道德的課程，他們的心也和我們一樣，隨時可能受影響。

甚且，他們終日處理各種犯罪，接觸更多人性的黑暗面。他們握有是否起訴犯罪嫌疑人，以及是否判決被告有罪等法律賦予的權力。然而，沒有人教他們如何抵擋金錢或其他引誘的技巧，國家也未必會審慎考核他們過去的行為，因此具有優秀專業法律知識的司法人員，未必就是判斷準確之人。

人格好壞端視一個人從小到大所受的家庭教育、學校教育及社會教育，也受到與生俱來的特質所決定。面對社會叢林，處理各種黑暗事務，且須在灰色地帶中畫出價值中線，做出正確的判斷，實在不是一件容易的事。

好的司法人員除了具備法學知識，更重要的是有好的道德操守，謹慎執行法律賦予他們的權力，而不是濫用這個權力，成就個人名利。至於壞的司法人員，他們不是以正義做為行為準則，而是趨附權力所帶來的利益，甚至因此接受利害關係人的不當招待。

《聯合報》於二〇二二年六月二日的A14版報導，檢方起訴佳和集團前董事長翁茂鍾違法炒股一案，翁董事長在一審得知犯罪證據齊全後才認罪，並在二審上訴請求輕判，檢方指控其玩弄司法；報導並載稱因翁茂鍾董事長與相關司法人員不當交往，所涉及的不法問題，已造成司法界千瘡百孔，監察院並因此彈劾曾與翁董事長交往的前公務員懲戒委員會委員長石木欽，他成為監察院懲戒司法人員的最高層級司法官。

此外，我曾聽聞一位生化博士不幸遭人惡意誣陷，他以所學習的管理知識，控制企業風險，而且他相信司法是正義的化身，所以將冤屈訴諸司法，期待司法維護他的權益。但事與願違，他因為沒有聘請好的律師，加上對方恐嚇司法人員，使得司法人員心生恐懼，不敢為他伸張正義，終致含冤負屈。

必須面對司法變形蟲的三種情況

碰上糾紛，考慮以訴訟的方式解決時，你就應該關心司法變形蟲的樣貌。事實上，透過訴訟解決糾紛的成功機率，大體而言只有一半，原因是碰到好壞法官的機會也是一半一半。

同樣的，如果你想找律師幫你處理糾紛案件，好壞律師的機率也是二分之一。如果你沒有時間處理自己的糾紛，或不願意面對糾紛問題時，必須審慎思考是否要以訴訟方式來解決，而且不應該在不瞭解司法現況前，就妄下決定。

常年在法庭征戰的我，不敢稱自己是沙場老將，但確實經歷過不少訴訟戰爭。在法庭上，我不畏戰，也不求戰。不過，從應付這隻司法變形蟲的經驗中，我實在不建議當事人隨意決定上訴訟戰場，因為一旦進入訴訟戰場，如果後悔不想繼續進行時，不是說脫身就可以隨時脫身。

如果在糾紛當下選擇放下，不反覆思索糾紛問題，而是重新展開新的人生，或許你可以很快走出糾紛陰霾，可能也會有另一番的體悟和際遇，省去面對訴訟的時間成本，因為這時間短則一年半載，長則數十年。

一場訴訟戰爭究竟會耗時多久，不是當事人可以決定。一旦戰爭開始，訴訟對方也做出回應後，就存在許多不可預期的風險，雙方也不容易回歸理性。這個賭注是否值得你耗時去嘗試？

權衡利弊得失，我個人認為只有三種情況是一定要進行訴訟，而且要非常堅定地打官司：

一、不幸遭到刑事調查與追訴。不論是檢察官主動偵查，還是被害人提起自訴，刑事訴訟涉及人身自由，絕不可以等閒視之。

二、企業須對股東交代，而進行追訴。企業負責人對企業負有忠實義務，對於企業遭受的損失，依法要予以追訴，才能盡到自己的忠實義務。

三、如果不提起訴訟，沒辦法活下去。心是人的根本，不管你想告別人，還是遭到他人的追訴，如果你心意已決，不打官司實在走不下去，訴訟成為你唯一的希望寄託，那就只有義無反顧，不要再心猿意馬了。

要與變形蟲一樣靈巧

司法變形蟲的特色之一，就是沒有固定的變形時間，也沒有固定的變形狀態，隨時都可能改變。如果你已決定提起訴訟，等於是選擇了直接面對司法變形蟲，所以就要學習變形蟲的靈活，一方面注意變形蟲是否產生變化，另一方面也要隨時變化自己的訴訟手法，以因應司法變形蟲的可能轉變。

事實上，面對司法變形蟲，可以選擇的因應手法不外乎兩種：「變」與「不變」；但何時該改變，何時又該堅持以不變應萬變，不是一件容易判斷的事情，必須以智慧抉擇。甚至，當你選擇改變時，究竟該如何貫徹行動，也是一門學問。以下針對這三種情形，舉例說明：

——「不應該變而變」的錯誤

有位當事人與他人發生土地糾紛，而且已經取得法院確定判決，確認土地歸他所有。沒想到，對方事後竟以一份合約影本，主張該確定判決有再審理由，並請來相關證人到庭作證，不過證人的證詞漏洞百出。

這位當事人想要守住得來不易的確定判決，於是聽從律師建議，對證人提出「偽證罪」的刑事告訴。他的律師原本認為只要偽證罪成立，就能成功守住這個再審案件。但是，他們在這個案件犯的錯誤是：

一、律師應該知道，在刑事案例中，偽證罪是很難成立的犯罪。

二、忽略對方提出的合約影本有很多不合常理之處，證人證詞也破綻百出，而且對方無法拿出合約正本。

三、未考慮到再審翻案的機率低，法官通常不願意廢棄確定判決。

基於上述三項理由，如果他的律師好好將合約影本的不合理處，以及證人證詞的矛盾處，整理出一份漏洞的對照表，以此說服再審法官，成功的機會應該比提起偽證罪告訴來得高。

但這位律師顯然不願意用心整理對方主張的矛盾點，將本可掌握的案件推給刑事檢察官決定。不幸的是，檢察官對該刑事「偽證罪」告訴做出不起訴處分，而這不起訴處分反而成為對方最有利的說詞。這位當事人不但沒有從刑事案件獲利，反而須再次切割該刑事案件與民事案件，重新回到再審案件的原點。

這就是「不應該變而變」的錯誤，他本應「以不變應萬變」，遺憾的是律師沒有用心考量，犯了不該犯的錯誤。

——「應該變卻沒變」的錯誤

一家企業不幸發生廠房火災的意外事故，波及旁邊的公司，因此引發了三、四起損害賠償官司。消防鑑定沒有具體說出火災原因，而企業負責人也已經獲不起訴處分。對於因為這起不幸意外所引發的三、四起民事訴訟，企業以相同的訴訟策略因應。前兩、三件官司獲得一審判決勝訴，可是最後一件官司不幸遭到敗訴。

企業擔心第四起案件的一審判決，會影響到已勝訴但對方上訴到二審的其他三起案件。然而，他們的擔心並沒有化為具體行動，律師竟然建議繼續維持先前的策略。他們沒有積極將這件敗訴的官司，與對方已經上訴的三起官司互相切割，反而依循一審不利判決的理由，自行在二審的三件訴訟中，要求二審法官調查對自己不利的證據，而且放棄二審盡速審理，反而同意對方要求的四個月「暫時停止訴訟」。

企業明知律師做法不正確，卻未與律師充分溝通。他們明顯犯了兩項錯誤：一是明知律師做法不對，卻不願意應變；二是明知應該切割勝訴與敗訴的案件，並且變更一審的訴訟手法，卻依然故我，沒有改變原先的手法。

——沒有確實貫徹「變」的行動

有位當事人前來與我討論她已經打到二審敗訴的官司，並且尋求我對她的三審上訴提供意見。當我仔細聽完她的說明，並且閱讀她已經提出的上訴書狀後，我提出我的法律分析，同時建議她應該加強補充上訴理由，否則上訴會遭到駁回，而她將面臨牢獄之災。

她聽完我的分析，一再強調相信我的判斷，而且立即支付律師服務費。而當我爭取時間，努力幫她趕出補充上訴理由的書狀後，她並未聽取我的建議，即刻提出該書狀，反而將我的書狀交給她原先聘請的律師審閱。就在她的律師遲遲沒有回應前，最高法院已經駁回她的上訴。

她在入獄服刑前來見我，我好奇請教她是否提出我的書狀，她才不好意思地告訴我真相。我本來自責地想，難道我的看法有問題嗎？為什麼我的書狀沒有發揮作用？在得知真相後，我納悶地自問，為什麼這位當事人不願意提出我的補充理由書狀呢？

她選擇再委託我處理她的三審上訴，似乎是對原先的律師不完全信任，那麼她又何須將我的書狀給原先的律師審閱呢？她似乎不信任我提出來的法律分析，那她又為何前來找我，且支付費用呢？她同意我的判斷，卻未盡速提出我的書狀，做法有所矛盾。

事實上，我一再強調我的書狀與她原來的主張沒有衝突，而且我在接受她委任前，也表明她可以以自己的名義提出上訴補充理由。她既然選擇多聽一位律師的意見，顯然已是決定要「變」，錯就錯在她想要「變」，卻沒有堅持下去！

外國的司法制度比較好嗎？

各國的法律制度大致可以分為「大陸法系」及「英美法系」。前者主要以歐洲大陸國家形成的司法制度為主；後者是以英美兩國為代表。這兩大法系的訴訟制度主要差別在於，前者由法官審理案件並由法官做成判決；後者則由陪審團聽審事實，法官依照陪審團的決定，適用法律，做出判決。

我國主要沿襲大陸法系的司法制度，但近來許多人感慨我國司法制度常遭濫權，認為外國的月亮比較圓，英美先進國家的司法制度比較公正，尤其是「陪審制度」，可以避免法官為所欲為，更加保護被告權益。事實真是如此嗎？

記得我剛考上律師開始執業之際，台灣正流行一部美國法律影集《洛城法網》（*L.A. Law*）。我總是注意觀看劇中律師在法庭上的表現，父親還為此特別買了錄影機，讓我可以錄下每集的內容，反覆琢磨律師在法庭上的表現。我當時也對美國司法制度充滿了嚮往與憧憬。

幾年後，我有幸赴美念書，一直很想一窺《洛城法網》中精彩的法庭辯論與交互詰問（cross examination）。於是我專程走訪紐約地區的聯邦法院，靜靜坐在法庭內，仔細觀看一件民事損害賠償的訴訟開庭。當時恰巧進行到雙方律師針對一位證人做交互詰問。

我興奮不已，以為可以見到影集中精彩的法庭攻防真實上演。一開始，陪審員陸續進入法庭坐好，之後穿著黑色法袍的法官走進法庭，全體起立，等法官坐定後，我跟著坐下，滿心期待一場精彩的法庭大戲。可惜沒多久我就失望了，原來真實版的法庭訴訟與電視版的法庭訴訟相差十萬八千里。

那位看來五十多歲的法官似乎前夜沒有睡好覺，他以右手撐著頭，無精打采地主持著庭訊，不像影集中的法官專注於雙方律師的攻防。雖然律師盡職地詰問證人，而證人也努力回答每一個問題，可是節奏沒有影集中那麼緊湊，所有法庭活動都很沉悶。

另一方面，坐在陪審席上的十幾位陪審員，表情各異，或是發呆，或是打瞌睡，實在看不到影集中陪審員那般專注聽審的態度。我甚至懷疑他們到底瞭不瞭解律師詰問的內容，更懷疑他們是否能做出正確的判斷。

那位無精打采的法官更是讓我失望，在雙方詰問的過程中，對於律師所提出的問題與攻防，他的判斷似乎不是基於什麼法理基礎，只是單憑一時想法。

「異議（objection）！」正當法庭一片乏味時，一位律師突然提出異議。

我雖然嚇了一跳，卻興奮地期待著法官會精明地做出決定。只見這位法官慢慢地將右手放下，將頭抬起，停頓了半秒鐘，沒等到眼睛睜大，就小聲地說出：「駁回異議（overrule）。」

此時，提出異議的律師沒有任何反應，詰問證人的律師於是繼續提出下一個問題。所有在場者又回到先前的動作，法庭內也恢復了原來的單調氣氛。我將目光轉向陪審員，只見他們若無其事繼續發呆，彷彿已經習慣了這一切。

當時，我從事法律實務工作已有幾年經驗，在國內所見到的真實法庭活動與律師工作，與我在美國法庭看到的情形相去不遠。儘管我不能以當時所見的情況，以偏概全地推論所有美國法院的開庭情形都是如此，但我相信應該相差不遠。那次法庭活動的每一幕，至今仍深深烙印在我腦海裡，也讓我對美國法庭互動的憧憬完全破滅。

曾看過一部電影叫《危險機密》（*The Juror*），女主角黛米．摩爾（Demi Moore）飾演一位遭到黑道恐嚇的陪審員，因為參與審理一件黑道大哥的刑事案件，她的小孩和她的生命安全都受到威脅。黑道要求她要影響並說服其他陪審員，做出有利於黑道大哥的刑事判決。雖然這只是一部戲，但也多少反映了美國社會的真實現象。

二〇二二年六月，美國最高法院裁決，認為女性墮胎並非憲法賦予的權利，推翻半個世紀前有關女性墮胎合憲權的「羅訴韋德案」（*Roe v. Wade*），媒體報導因美國前總統川普任內任命三位保守派大法官，破壞了美國最高法院的結構平衡，使得保守派大法官居於絕對優勢，因而推翻先前的判決，進而允許各州制定禁止墮胎的相關法案。

在此同時，美國最高法院做出另一起爭議判決，允許民眾攜帶手槍到各種公眾場合，推翻了紐約州的槍枝限制，此爭議也是緣於上述美國前總統川普所任命的三位保守派大法官。這兩起案件引發美國各界討論及批評美國最高法院大法官的意識形態會如何影響其判決。

二〇二三年四月，美國ProPublica新聞網披露，美國最高法院大法官克拉倫斯．托馬斯（Clarence Thomas）在過去二十多年來，多次接受美國地產大亨、共和黨金主哈倫．克勞（Harlan Crow）的招待，住在克勞的渡假村、搭乘他的私人飛機及遊艇旅遊，但托馬斯從來沒有在財產申報中提到這些餽贈。

雖然托馬斯大法官表示，其他最高法院大法官認為無須公開這些禮物，而共和黨金主克勞也聲稱，他諮詢過相關司法界人士，認為這種在法庭上沒有業務往來的親密友人的個人款待不需要報告，但此消息仍不免影響最高法院大法官的形象。有趣的是，負責制定美國聯邦法院政策的美國司法會議恰好在二〇二三年三月公布新政策，要求法官公開更多私人活動，包括搭私人飛機旅遊及住宿旅館、渡假村和狩獵屋等。

事實上，人性的軟弱與黑暗屢見不鮮，法官與陪審員都有可能因為「心」的敗壞，使得某一個案件遭到扭曲對待。各國的司法制度因風土民情不同而有不同規定，也都存在優缺點，國外的月亮不一定比較圓。只要每個人都願意遵守規則，任何制度都會達成它應有的目的。

第三部

揪出司法變形蟲

記得父親曾在我上大學前，耳提面命地告訴我：「法律這門社會科學沒有絕對的是非，端視你從哪一個觀點或角度評論。」父親的訓誡主要是提醒我，不要太主觀地對任何事情妄下斷語，學習敞開心胸，聽取各方說法，才能掌握客觀的學習成果。

然而，這樣的說法運用在法律實務中，有時反而成為有心人士操弄司法的藉口。常見不同層級的法院對於同一案件做出不同判決，而案件經由最高法院發回高等法院重新審理後，前後審理的法官也做出完全相反的判決，難怪司法審判時而無法得到一般人民的信賴。事實上，只要法官正直辦案，縱然判決理由各有不同，但是對於同一案件的判決結果應該不至於產生前後矛盾。如果法官懶散、收錢、畏懼權威、專注升遷等，與公正判決無關的人性欲望，很容易利用所謂「法律這門社會科學沒有絕對的是非」這樣的說法，做出違法勾當。

在我執業律師的初期，曾有位當事人委任我辦理一件涉及上億元糾紛的土地交易案件，當我得知判決敗訴後，不知該如何面對當事人。令我訝異的是，當事人反而先來電安慰我，還直接告訴我說，在言詞辯論當天他就已經知道會敗訴，因為對方送給法官的錢比他還多。這是數十年前的往事了，但我至今還是不太願意相信他在電話中所說的。

也曾有一位企業老闆得知我到中國大陸學習，要求我協助處理他的小孩無法返台辦理的相關法律事項。我不禁好奇問他原委，他直接說出他的小孩當年遭到刑事判決確定坐牢，但他透過先前曾任檢察官的政府高層幫忙，在即將執行坐牢處分前，將他的小孩送出國。

另外，有位曾是政府官員的名人不幸遭到刑事追訴，我有機會參與辦理他的其他案件時，他說到自己如何遭到司法迫害，而且當時掌管司法事務的政府官員也曾親自向他說明他遭到調查的原委，甚至為無法阻止這起司法迫害事件向他致歉。這位曾經叱吒政壇的大人物，最後也只能屈服於政治現實。

甚且，我有位親戚為了辦理一件假扣押的執行事件，在取得法院裁定准予扣押的命令後，到法院執行處聲請執行。但執行書記官以無法安排車輛為由，拒絕於當天配合執行動作。我的親戚無奈下，技巧地提供了數千元後，這位書記官立即改變態度，車輛也有了著落，順利辦妥相關執行扣押的動作。

當然，我也遇到許多正直且富有人情味的司法人員，他們的風骨令人佩服。理論上，我們的司法人員應該都具有這樣的操守及專業，我們的司法環境也應該如同醫院一般，能夠提供有效的治療方式，使糾紛事件順利解決。而瞭解司法制度的實務運作內容，有助於選擇解決糾紛的方式；掌握司法變形蟲的變化節奏，以及它的變化習性，用心觀察瞭解它的變化，就能隨時調整訴訟腳步，對訴訟有很大的助益。

民事訴訟的司法變形蟲

民事訴訟主要是關於財產糾紛，以及夫妻、親屬等身分關係所引發的非財產問題。較之於刑事訴訟和行政訴訟，民事訴訟並未涉及政府公權力，理論上，訴訟雙方處於平等的地位。但是具體訴訟案情的複雜程度不一，可能涉及的財產紛爭龐大、利益糾結複雜、法律適用困難等因素，使得民事訴訟這隻司法變形蟲的變化速度時快時慢，不易掌握。

民事訴訟變形蟲成員

民事法庭的主要成員包括：**民事法官**、**書記官**、**通譯**，以及**訴訟雙方**或他們的**委任律師**。認識民事法庭成員的組成，可以理解在民事審判制度下，究竟什麼人會影響你的案件，有助於你掌握案件的可能變化。

民事法官

民事法官是法庭中的老大，指揮法庭中的一切活動，當事人在法庭內的一舉一動，他們皆有權干涉。通常第一審訴訟由一位法官審理，是所謂「獨任制」；第二審由三位法官一起審理，是所謂「合議制」；第三審也是合議制，由五位法官組成，不過第三審通常是書面審，沒有開庭，無法與法官互動。

獨任制的審判，從案件開始審理到結束都是由同一位法官進行，所以你要專心應付法官提出的問題和意見，注意觀察法官的表情與態度，因為他是案件最終的決定者。

合議制的審判，則是由一位受命法官負責調查，他所實施的開庭程序稱為「準備程序」，這位受命法官就是案件主要的決定者，所以當事人在開庭時要隨時注意受命法官的問題和意見；雖然法官常會在開庭時表示：「案件會交由合議庭決定。」不過通常這只是托詞。即使言詞辯論庭時三位法官都在場，仍要多關注坐在審判席最左邊的受命法官的反應。

理論上，合議制應該由三位法官一同討論，形成決定。但實際上，坐在中間的審判長在開庭時，大多只是依例請訴訟雙方發言，不見得會認真聆聽，更遑論能共同討論並做出結論。言詞辯論庭通常只是為了踐行法律規定，聊備一格的程序。

總之，案件由哪一位法官決定，就要格外注意該法官的反應，因為他將是這隻司法變形蟲的主要部分。

書記官

書記官的主要工作，是在開庭過程中，記錄訴訟相關人員的陳述內容。他們穿著全身黑色的袍子，坐在審判台前的左側桌。

由於民事案件主要關於財產糾紛，確定判決會涉及執行問題；同時，民事訴訟也涉及假扣押、假處分和假執行等保全財產的程序問題。這些事務固然由法官負責，但主要還是透過書記官辦理。當事關財產保全與確定執行時，書記官的態度與動作將直接影響權利人可否順利取得財產。

因此，儘管書記官不是決定案件成敗的人，但他們的態度仍會左右案件成果，對民事案件具有一定程度影響。

通譯

通譯通常坐在書記官旁邊，顧名思義，他們的工作是協助訴訟雙方與法官之間的語言溝通。早期，大多數法官只會說國語，但訴訟雙方可能只會說台語，因此通譯就是做好「台語與國語」之間的翻譯工作。而今，法官都是國、台語兼備，通譯在法庭上就依法官的指示支援卷宗傳遞等工作。

通譯雖然是司法人員，但理論上他們的工作不會影響到案件發展。

訴訟雙方

訴訟雙方在民事訴訟中處於平等地位。以往，當事人必須站在法官的審判台前，回答問題或陳述主張；如今，開庭時，當事人及律師都可以坐著回答問題或陳述主張，並互相討論。

訴訟對方是你在訴訟上的「敵人」，其處事態度和做法可能會影響司法變形蟲的變化。所以，要格外注意敵人動靜，隨時觀察注意，不只注意他們在法庭上的動作，同時要探究行動背後的真意。

律師

在民事訴訟中，律師可以代表當事人出庭，並代表當事人提出事實陳述和法律主張，也可以在當事人特別的授權下，與對方協商和解、承認對方的請求，或其他法律規定的行為。

一旦將民事案件委託律師出庭處理時，你可以不必親自出庭。不過，你還是可以隨同律師到場開庭，只是無須出席報到，而是單純坐在法庭後面，監督開庭狀況，瞭解對方攻守，與律師並肩作戰。

訴訟雙方的律師具備法律專業，操作訴訟策略，屬於司法變形蟲的一員。他們雖然無權決定案件勝敗，但他們的表現是決定司法變形蟲如何發展的重要因素。

隨時與你的律師保持密切溝通，如果律師背離委託的初衷，你要勇於決定是否終止委任；如果對方律師的操作手法超越我方律師的能力，你也要考慮增加或更換律師，不要任由情勢惡化，造成無法控制的局面。

掌握變形蟲變化的因素

民事訴訟制度主要採「當事人進行主義」，如果糾紛雙方沒有正確提出自己的訴求及主張，法官不可能主動介入為你伸張正義。理想的民事訴訟過程，是法官讓訴訟雙方暢所欲言。當事人如果可以從法官的反應，分析他可能的想法，進而調整自己的事實陳述，並正確引用法律條文，就可以掌握變形蟲的變化，獲勝的機會自然提高。

法官是民事審判的主角，也是你最需要觀察的對象。而書記官協助法官處理文書作業，最好與他們保持良好溝通，一方面可以藉此瞭解法官審理案件的速度；另一方面如果你想瞭解案件內容，也必須向書記官聲請閱卷。此外，書記官負責記錄，開庭時會有電腦螢幕同步呈現書記官記錄的內容，當事人最好留心記錄內容是否正確，必要時立即請求更正，以免記錄不正確，影響了你的權益。

至於雙方律師之間的攻防，也是決定案件發展的重要因素。你的委任律師就好比你派出去打仗的武將，他能否壓制對方的攻勢，是官司制勝的關鍵；同時，他有無能力應付司法變形蟲的變化，也決定了案件的成敗。至於訴訟對方在法庭上的情緒反應，無須太過在意，以免影響你對訴訟局勢的冷靜判斷。

法官類型與辦案態度

常言道：「態度決定一切。」同樣的，案件成敗主要也取決於承審法官的辦案態度。依我的觀察，民事法官大致可以分為三種辦案態度：

認真辦案的法官

這類型的法官執著於工作職務，他們明察秋毫，鞠躬盡瘁。他們調查案件的態度細膩，如果你的案件複雜，需要有人為你抽絲剝繭，這類法官自然是首選。相反的，如果你的案件不能調查得太仔細，使得對自己不利的部分也跟著曝光，遇到認真辦案的法官，就未必是福氣。

認真辦案的法官不見得能力出眾，也未必都能掌握案件核心。我曾遇到這類型的法官，對於雙方提出的爭點都一一調查，結果是不知如何收尾，只好將案件擱著，直到調職，由之後接手的法官繼續辦理及結案。所以，如果遇到了能力不出眾但認真辦案的法官，你提出的主張和攻擊對方的說法，要格外注意表達方式和角度，不要一股腦地提出所有事實，讓案件失去焦點。

當然，如果你遇到了一位能力好又認真辦案的法官，那真是你的福氣。不過，民事訴訟採「當事人進行主義」，你要主動提出你的主張，請法官為你查明事實。記住，法官雖然認真辦案，但不可違反法律規定，主動為你伸張正義，他們只能根據雙方提出的主張和證據，做出公正的判決。

常有訴訟一方會抱怨法官沒有瞭解案情全貌，就判決對方勝訴。這樣的抱怨可能正確，也可能是他看多了《包青天》的戲劇，誤以為只要請「大人明察」，就可以有冤伸冤、有屈伸屈。事實上，現行民事訴訟制度不同於包青天時代，訴訟雙方最好不要對現代的法官抱持太多錯誤的期待。

享受人生的法官

我國法官的任用資格主要是經由司法官考試產生，凡是通過考試和司法官訓練所訓練，成績達到規定的標準，就可以成為法官。之後，就依照公務員任用標準升遷。由於《憲法》規定，法官是終身職，在經濟景氣變動下，法官是個不錯的工作選擇，也就成為許多年輕學子的首要選項。

目前，從事法官工作者不乏只是想安身立命的人，他們或許沒有太大的抱負。而從事第一審工作的法官，大多是剛從學校畢業不久的年輕人，如果依照公務員的晉升規定，他們也許沒有太多高升機會，於是退而求其次，安於現狀，只要不出錯，依照規定辦案，自然可以獲得法律保障，享有退休金。

這類型的法官通常對案件審理抱持著「當一天和尚，敲一天鐘」的心態。他們依照法律規定審理案件，比起認真辦案的法官，少了一份熱忱。如果你的案件需要仔細調查，面對這類型法官，最好言簡意賅地說明案件事實，不要寫太長的書狀，因為他們不會花太多時間看長篇大論。你最好思考如何一針見血地提出自己的主張與請求。

當然，你或你的律師還是要表現出積極的態度，並且想辦法激起法官對案件的熱忱。如果連你或你的律師都不積極，那麼案件可能長期躺在法院裡，偶爾才開一次庭，這樣的審理方式不容易掌握案件全貌，更難做出正確的判決。

追逐名利的法官

這類型的法官或許充滿幹勁，只是他們的重心不是放在審判上，而是在名利或升遷。由於法官具有公務員身分，升遷與考績攸關法官利益。雖然法官獨立辦案，不受上級或他人的干涉，但法律沒有禁止「揣摩上意」，因此這類法官的心思不是在訴訟的是非公平，而是年終績效。

如果你的案件是社會矚目的焦點，或是司法與各級行政長官關注的案子，就有可能得到積極審理的機會，至於是否能勝訴，或許就要看你是否為社會矚目或上級青睞的一方。相反的，如果你的案件不是上述類型，要小心訴訟對方是否動用關係，企圖影響案件的審理，畢竟這類型的法官最容易受人影響。

如果你沒有任何管道或方法可以有效制衡對方時，唯一途徑就是單純回到案件本體，專心將事實說明清楚。不要因為遭遇困境就放棄希望，更不能因此不提出應有的正確主張。

許多當事人選擇律師的角度，會著眼於是否與承辦案件的法官熟識。這或許是你因應這類法官的方式之一。不過，務必審慎瞭解與你接觸的人，以免遭到有心人士欺騙，花了不必要的金錢，又沒有得到預期的結果。

「爭點整理」是關鍵因素

《民事訴訟法》於二〇〇〇年增修規定，要求民事法官在審理案件時，應該與訴訟雙方針對糾紛的事實內容，整理區分為「爭執事項」和「不爭執事項」。這個規定的目的是期待透過「爭點整理」，簡化複雜的民事糾紛內容，有利法官審理判斷。

「爭執事項」是訴訟雙方產生不同認知的事實與問題；「不爭執事項」則是訴訟雙方沒有爭執的事實。

訴訟雙方和律師是關鍵人物

依照上述法律的規定，「爭點整理」是由訴訟雙方與法官一同協商，取得共識。所以，訴訟當事人是這項工作的關鍵人物，如果你委任律師辦理，必須和律師盡早討論並取得共識。就好比打牌，誰先出牌，就比較容易掌握先機。

打牌講究布局，如果不懂布局，就不知道何時該出牌，以及該打什麼牌。同理，「爭點整理」代表針對案件所選擇的布局角度，這個角度決定了法官審理的方向，也決定了雙方在訴訟上的攻守內容。該選擇什麼問題做為「爭執事項」，可以承認什麼事實做為「不爭執事項」，涉及整個訴訟布局。

如果你不知道如何選擇，最好委任律師協助。當然，如果律師無法針對你的糾紛提供通盤的作戰策略，顯然他不擅訴訟布局，你最好另請高明。

有家科技公司與下游廠商發生交易糾紛，雙方鬧進法院。這本是一件單純欠錢還錢的民事糾紛，但這家科技公司卻輸了一審訴訟。我研究了一審卷宗，發現在「爭點整理」的過程中，他們委任的律師將「依照科技公司生產進度，完成一定數量的零件生產，並通知對方前來領貨」的實際交易事實，錯誤主張為「雙方交易是依照訂單所載內容執行」，而且將這項錯誤的事實主張列為雙方「不爭執事項」。

這個錯誤給了對方可乘的訴訟操作空間，由於雙方交易的實際履行不是依照訂單所載內容執行，對方很容易舉證科技公司並未依照訂單所載內容履約，所以一審法院判決公司敗訴是理所當然。面對二審，該如何改變第一審承認的「不爭執事項」，是最核心的問題。

為了破解這個錯誤，我技巧性地提出雙方過去往來的多份電子郵件，一方面說明該「不爭執事項」與事實不符；另一方面強調此項事實涉及雙方糾紛的主要爭執重點。果然，對方抗議我的主張，所幸法院最後仍採信了我方的新主張。

因此，在民事訴訟中，當事人與律師是抵制司法變形蟲隨意變化的關鍵。如果你的案件不幸失敗，不要未經思考就將敗訴原因歸咎於法官或其他人的錯誤，要確實檢討錯誤，或許是自己一時疏忽，沒有發揮制衡的力量。

專業門檻助長變形蟲的變化

法律規定難免涉及專業術語或內容，不僅不易理解，有時還會讓法律人有機可乘，提出似是而非的解釋理由，混淆視聽，甚至造成一般人不相信法律，使得法律價值大打折扣。

法律的功用是維持社會和諧，因此法律規定最好能夠讓人理解，容易掌握與遵循。如果法律規定無法平易近人，司法人員就該做好法律與一般人之間的橋樑，而不是以一些專有名詞阻擋人們對法律的理解。

民事訴訟有許多專業要求，比如提起訴訟時，要說明「訴訟聲明」、「訴訟標的」等等。法律要求訴訟雙方及法官應達成「爭點整理」，也增加了訴訟的門檻。多了一個專業門檻，就多了一節變形蟲可以變動的空間，也增加了訴訟的專業性，更不是法律門外漢可以獨立完成的工作。

如果當事人不瞭解「爭點整理」的法律效果，就不知道一旦沒有做好這項訴訟工作會有什麼後果，等到訴訟輸了，也不知道敗訴的真正原因。這就好比戰士在沙場作戰，不知危機在何處，就莫名其妙陣亡了，他會死得瞑目嗎？敗訴的人不知真正的敗訴原因，自然不會心服口服。

「爭點整理」中的「不爭執事項」是指雙方都不爭執的事實，因此對方不必負舉證責任，也就減少訴訟壓力。所以，民事訴訟的「不爭執事項」愈多，「爭執事項」愈少，應該是相對單純的案子；相反的情形就是複雜的民事案件。不過，案件難易並非只取決於案情是否單純，而在於雙方如何操作定位糾紛事件的「爭執事項」和「不爭執事項」。

本來，事實真相只有一個，但由於雙方對事實看法與認知不同，或一方有意曲解事實，或因時間久遠而無正確記憶，使得真相不易查明，自然增加法官調查真相的困難。所以，如果訴訟一方承認某一事項為「不爭執事項」，而該事項恰巧是對方苦無證據證明的，對方就可以減少舉證責任，勝算自然增大。

什麼事實可以列為「爭執事項」，什麼事實應該列為「不爭執事項」，沒有一定標準，必須依照具體個案事實和雙方爭執的焦點而定。不過，我個人認為有兩個基本原則，提供讀者參考：一是「**可以增加對方舉證責任的事項，不要隨便同意列為不爭執事項**」；另一是「**不能睜眼說瞎話的事實，不要隨便否認而想列為爭執事項**」。

要防止司法變形蟲的出現，重要工作之一就是防範法官遭到對方誤導，關於這一點，除了法官需要頭腦清楚，當事人也要自立自強，防止對方提出似是而非的主張。「爭點整理」是民事訴訟的決戰關鍵，如果沒有處理得宜，法官就可能遭到對方誤導，進而喪失制勝先機。

不當的環境引誘

聖經《箴言》第四章第二十三節說：「你要保守你心，勝過保守一切，因為一生的果效，是由心發出。」每個人都會受到環境的影響，心情自然會產生不同程度的變化。司法人員也是人，他們的心情會影響到承辦案件的結果，這就是最難掌握的司法變形問題。

法官與書記官的案件數量

民事糾紛愈來愈多，是現今各地民事法庭所面臨的一大問題，不同地區的法院，每月的收案量不同，每位法官分配到的案件量也不同。在沒有一定的收案標準下，如果法官承接了太多案件，心情肯定不會太好。倘若承辦你案件的法官手中有太多案子要處理，審理每件訴訟的時間當然不可能太長，那他是否能夠關注你的案件和主張呢？

以目前民事案件審理的時間來看，通常前後兩次開庭的間隔，快則兩週，慢則數個月，而且法官開庭時間經常只有幾分鐘，如何期待法官記住過去開庭所說的話？如果法官開庭當天心情不佳，當事人那天所提出來的主張必定難以發揮作用。唯一的預防方法，就是將主張以書狀清楚說明。如果你委託律師辦理，切記要緊盯律師的處理方式。

很多律師忙於各種事務，沒有費心撰寫當事人的書狀，造成法官無法掌握當事人的主要陳述內容，導致做出不利判決。這種情形絕不能單單苛責法官沒有用心，當事人與律師要承擔大部分的責任。畢竟，律師有義務協助法官瞭解糾紛的內容，而且民事訴訟採「當事人進行主義」，協助法官掌握對自己有利的事實，絕對是勝利的基礎，也是當事人應該做到的基本功課。

我曾聽過某位法官是一邊寫判決書，一邊看股票行情。或許這位法官的法學功底很好，可以一心多用，但這多少反映出法官未必有自我克制的能力。如何在法官審理的眾多的案件中，讓他記住你的委屈和案件事實，就考驗你應付民事訴訟變形蟲的能力。

同樣的，承辦民事執行案件的書記官們，每月也有為數不等的執行案件，他們終日面對當事人的電話詢問、到場諮詢，還要出差到現場執行，林林總總不同的事務，導致他們未必都有好心情。萬一你的案件執行日正巧遇到書記官心情不佳，或有其他要事造成延誤，使得執行不順利，嚴重的話會影響你原先的訴訟目的，得不償失。

擋不住的金錢誘惑

俗話說：「有錢能使鬼推磨。」歷來有不少法官、檢察官與律師因為貪瀆，遭到司法處罰，過去有、現在有，未來應該還是會有。

記得我初為菜鳥律師，依所長律師的要求辦理一件涉及土地建設糾紛的案件。我花了很多時間研讀相關卷宗，也寫了好幾十頁的書狀，更在法庭上使出渾身解數為當事人辯護，不計其數的汗水滴滿卷宗。

我本確信這個案件可以勝訴，但最後竟然是敗訴判決。就在我不知如何面對當事人時，卻接到了他的電話，從話筒那方傳來安慰的話語，告訴我說他早已知道判決結果，因為對方「走後門」。

執業生涯中，我常從當事人那裡瞭解到，部分案件之所以敗訴，是因為敵不過對方的金錢攻勢。甚至，到如今我還聽到有些案件的當事人，繼續對抗訴訟對方的金錢攻勢。如果當事人在提起訴訟前，就可以理解訴訟過程中，可能會發生金錢惡勢力的不當介入，而左右了司法變形蟲，我相信他們會更審慎評估是否要以訴訟解決糾紛問題。

民事糾紛主要是關於財產糾紛，民事法官、書記官、律師每日就在金錢問題上打轉，確實很難抵擋可能的金錢誘惑。總之，面對不公不義的事，你只有兩條路可以選擇：一是學習對方，同樣「走後門」；一是選擇回到根本問題，好好建構你的訴訟主張，相信邪不勝正。除此之外，你別無他途，而我建議你還是走後者的路！

訴訟實例

CASE 1

掌握司法作業流程，積極改變司法人員習慣態度

事情惡化不是一朝一夕的，防止司法變形蟲不要等到問題擴大才開始，就像預防勝於治療的道理一樣。面對民事執行案，如果我依循同事以往的辦案模式，一定扣不到客戶的資金，而客戶最終也不會與我們和解並支付法律服務費。由於適時請書記官在職權範圍內，配合我們的聲請動作，使我們有效做到停損，免除打官司與正面對抗司法變形蟲的壓力。

我從來沒有想到律師會反過來告自己的當事人。但是，當我剛到新的法律事務所服務半年左右，同事即因為客戶拒絕支付法律服務費，氣沖沖地來到我辦公室，詢問如何討公道。原來是客戶先前緊急要求我們提供法律服務，就在案件順利於一週內完成後，客戶竟然藉故拒絕支付法律服務費，想一走了之。他們甚至已將台灣公司結束，並計畫將財產及資金匯往國外。

看著同事憤憤不平的神情，我安慰他說，面對客戶的不仁不義，以及明顯想要

賴帳的心態，我建議他可以考慮向法院聲請「假扣押」客戶資金，防止他們落跑。沒想到我的安慰話語，同事信以為真，將我的建議請示老闆，而老闆竟然核撥一筆特別資金，用以採取這個訴訟手段。老闆也為此特別詢問我相關法律手段的操作細節。

以我對公務員辦事習慣的瞭解，要防止對方將資金匯出，且於一週內執行，恐怕有點緣木求魚。但既然老闆已做出決定，為了展現自己的辦案能力及對訴訟實務的瞭解，我只好硬著頭皮上戰場。

首先，為了掌握書記官執行「假扣押」的作業流程，我請教專門負責民事執行業務的同事。依照他的說法，從聲請「假扣押」到執行完畢，書記官的作業習慣至少要兩週的時間，而這是最樂觀的評估，通常是在十五到二十個工作天左右。這麼一來，我顯然無法向老闆交差。

為了防止書記官的「習慣性怠惰」，我在提出「假扣押」的聲請後，要求同事每日早晚以電話追蹤，並因此掌握到法院將於三天後核准我方聲請。我於是要求同事當日前往法院親自收取核准公文，並先準備好聲請執行的請求書。

我請同事親自到書記官處領取法院核准書，並且將先前準備好的執行聲請書，連同法院核准書一同遞出，同時懇求書記官積極處理相關文書作業，以便在同一天將執行命令寄發給客戶的相關銀行。最後，我們針對所主張的法律服務費，順利將客戶計畫提領的銀行存款查扣，保全了我們這筆法律服務金額。

之後，法院依照客戶要求，命我方於收到法院通知後的七日內提出「本案訴訟」，而我也配合地即時提起訴訟。由於我方已扣住客戶資金，沒有打官司的壓力，於是我拉長戰線，以拖延對方能夠取得資金的時程。最後是對方心急，沒有耐心等到法院判決確定，於是要求和解。對方為了盡速結束這起糾紛，完全配合我們的要求。我們不僅贏了面子，也有了裡子。

如果我依循同事過去的辦案模式，一定扣不到客戶的銀行資金，而客戶最終也不會和我們和解並支付法律服務費。由於適時請書記官配合，避免書記官依循過去作業習慣，而書記官在職權範圍內，也盡可能地配合我們的聲請作業，使我們成功阻止對方的不良居心。

訴訟實例

CASE 2 預先設想變形蟲 可能的變化因素並有效控管

預先設想對方可能的出招，模擬法官可能調查的事實方向，建構出一幅完整的起訴角度，可以迫使對方承認相關事實，同時省去我方不必要的舉證責任。這麼做也可以避免法官任意擴大調查的案件事實，防止司法變形蟲無端變形，造成不可控制的訴訟局面。

曾有一家香港法律事務所委託我對他們的台灣客戶起訴，求償法律服務費用。這個台灣客戶委託他們處理一件涉及香港的仲裁案件，而香港的法律事務所順利辦妥這起仲裁案，可是台灣客戶竟然拒絕支付法律服務費用。

由於台灣客戶委託香港法律事務所處理的案件，內容主要是關於他們轉投資的另一家企業，該糾紛事件的請求時效已經快到期了，香港法律事務所在時間緊迫下，沒有先取得台灣客戶的書面同意函，就開始提供法律服務，撰寫仲裁申請書，以及參與事後的仲裁開庭。這家香港法律事務所以為雙方在相互信賴的基礎上，已經達成了委託約定，而且他們撰寫的仲裁申請書，也經台灣客戶同意後，提交香港仲裁機構審理。根據雙方之間的互動及往來的電子郵件，這位台灣客戶沒有理由賴帳，所以香港律師也沒有持續催促客戶簽立委託合約書。

沒想到，當他們完成法律服務，使客戶順利取得糾紛事件的賠償後，香港法律事務所請求台灣客戶付款時，竟然遭到台灣客戶以委託辦理的公司是他們的關係企業為由，拒絕付款。原來，這家台灣客戶的關係企業當時已經經營不善，面臨破產，於是想要賴帳。香港法律事務所經過兩年的溝通無效後，決定委託我替他們打官司。

我仔細閱讀雙方往來資料，由於雙方之間沒有簽立正式的服務合約，不僅無法確定口頭合約的雙方當事人，也沒有具體約定香港法律事務所的服務內容，更沒有提到這項法律服務應該遵循的原則，以及服務完成的具體標準。雙方的口頭約定只是單純提到委任處理某仲裁案件。

為了防止對方在訴訟上提出似是而非的拒付藉口，無端延長訴訟時程，我預先設想對方可能抗辯的理由，勾勒出一個可以閃避對方理由的起訴內容，同時挑選雙方過去多份往來文件中，有利於我方的重要電子郵件，做為我的訴訟主軸，好防止對方否認他們是合約主體，並質疑香港法律事務所的服務內容。

我將過去雙方的往來文件仔細消化後，寫下不到兩頁的起訴書，並附上八份必要證據。這個起訴角度的選擇，主要是強迫對方必須承認雙方之間所有合作事實，以免造成我方負擔不必要的舉證責任。果然，對方提出的首份書狀完全承認我方的法律服務，他們只是單純爭辯香港法律事務所提供服務的對象是另一家公司，不是被告本身。這顯然縮小了這起案件的爭點，同時降低訴訟的審理時程。

我於是繼續提出雙方往來的多份文件中，與香港那方聯繫的主要窗口都是被告公司的法務長及財務長，而不是他們關係企業的相關人士。這起訴訟在兩次開庭後，已經沒有其他爭點。由於對方已承認雙方存在法律服務關係，法院於是判決我方勝訴。由於對方知道上訴也不容易改變一審判決，於是決定依照判決內容支付所有法律服務費。

如果這起訴訟沒有經過審慎思考，防堵對方可能的抗辯內容，而只是單純陳述事實內容，相信法官無法在短期內瞭解雙方爭點。而對方針對服務合約沒有具體規定服務內容，必然會爭執香港法律事務所沒有完成台灣客戶要求辦理的服務內容，這是服務合約容易產生的問題，而且是法院不易審理對錯的灰色地帶。

有效整理問題內容，思考陳述角度，可以避免不必要的訴訟拖延，更有助於法官的審理效率。

訴訟實例

CASE 3

以不變應萬變，與司法變形蟲相互抗衡

訴訟考驗當事人的耐力和決心。在事態混沌不明時，不要急於做決定，更不宜任意出手。看清楚眼前的訴訟局勢，瞭解司法變形蟲是否產生變化，並且分析它變化的原因和變化的方向，再決定出招，才能步步為營。有時，以不變應萬變，是一個不錯的訴訟選擇。

某上市公司突然對競爭對手提起侵害智慧財產權的民事訴訟，而且立刻在公開資訊觀測站公布這起訴訟，企圖影響對方的股價。面對突來的挑釁，被告的公司決定委託我迎戰。事實是他們的產品在某海外地區的銷售量遠超過原告公司，因此招來原告公司不滿，想以訴訟手段扭轉商場劣勢，並給當地經銷商有個交代。

這是典型想利用訴訟達到市場競爭利益的案件。由於雙方沒有合作關係，我方也沒有侵害對方產品，只因雙方都曾委任同一家公司撰寫軟體程式，對方於是以該軟體公司及我方共同侵害他們的著作權為由，請求連帶賠償。不過，原告並沒有提

到他們享有的著作權內容，而軟體公司也沒有說明他們為原告公司撰寫的軟體程式。

由於法院對這起訴訟沒有管轄權，實在不應該花時間審理這件案子，可以盡早駁回原告請求。然而，法院於首次開庭後，竟然將這個案件交由智慧財產案件的「技術審查官」審核。在收到技術審查官的專業意見後，法官要求原告提出損害賠償的計算方法及證據。從法院函文可以嗅出其態度已傾向原告，否則實在沒有必要發函要求原告說明損害金額的計算。

為了防止民事訴訟的變形蟲開始變化，我繼續補充書狀，爭執原告的智慧財產權內容，並強調我方沒有侵權的立場。沒想到，法官開庭時，竟然表示依技術審查官的分析，原告已舉證被告的侵權事實，只須再舉證損害賠償金額的計算方式。法官的舉動等於宣判我方敗訴。

此時，我面臨訴訟十字路口：是否該提出我方享有的著作權內容，以證明雙方享有不同的著作權；還是該堅持原來的訴訟方向，以免落入原告企圖取得我方著作權的圈套。面對法官想以技術審查官的分析報告判決我方敗訴，我感覺這隻司法變形蟲未免太離譜了！如果法官可以依據該分析報告判決我方敗訴，那未來所有智慧財產權訴訟無須開庭，直接請技術審查官提出分析報告，就可以斷定是非，此絕不符訴訟原則。

我再三琢磨，寧可相信法官的做法只是想逼迫雙方和解。我因此選擇以不變應萬變，堅持既有的訴訟策略，但修正訴訟主張，強調技術審查官只是提供專業意見，這意見不能直接做為侵權事實的證明，並且主張這個專業意見應公開，給予雙方充分辯論的機會。同時，我再次強調原告是為了海外商業目的，法院不應成為原告的打手，被告公司更不應該成為原告與該軟體公司之間糾紛的犧牲者。

我三度提出書狀，重複上述立場。最後，法院駁回原告請求，而原告沒有繼續提出上訴。這起訴訟耗時四年多，我方沒有落入司法變形蟲的圈套，也沒有隨著對方無聊的訴訟手段起舞，從結果來看，我方堅持以不變應萬變的方式，應該是正確的抉擇。

回想面臨訴訟十字路口時，我選擇維持既有的訴訟基調，沒有因為法官的處置而亂了陣腳。訴訟有時好比外科醫師面臨是否應該為病人開刀的兩難抉擇。如果你身為訴訟一方，不容易看清楚自己所處的訴訟地位，也不知如何評估訴訟局勢，最好還是諮詢專業意見，同時要用心觀察與思考訴訟戰爭的每一個環節，才能看懂司法變形蟲是否發生變化，決定是否調整訴訟手法。

訴訟實例

CASE 4 缺少訴訟主軸，司法變形蟲會遭誤導變形

當糾紛金額很高，勝負成敗影響甚鉅時，如果沒有仔細思考訴訟角度，民事訴訟的司法變形蟲很容易受到對方誤導。要讓司法變形蟲回歸正常判斷，不僅要有防止它繼續變形的方法，也要有讓它轉回正軌的手法。謹慎提出訴訟主張，比起走錯路後才苦思如何返回，來得容易且省事。

有位當事人請我承辦一審已敗訴的保險理賠糾紛案件。這位當事人的海外資產發生保險合約所定的保險事故，但保險公司藉口並未發生合約所定的保險事故，不願意依照合約理賠。這起國內保險理賠史上首屈一指的案件，一審法院判決我方當事人請求沒有理由。

由於當事人無法馬上提供完整的保險合約給我，於是我判斷他沒有在起訴時確立訴訟主軸，自然無法防止對方有意誤導法官。

一審的判決書雖然高達十六頁，但主要都是抄襲對方的答辯書狀，由於我方當

事人沒有強調合約的具體內容，對方就利用一般保險糾紛的訴訟常態，要求我方先證明有保險事故發生，他們才有理賠責任；同時，對方嚴厲打擊原先聘請的鑑定人所出具的鑑定報告，並有意曲解鑑定報告內容。法官最後無法明白我方訴求的中心主軸，於是在對方有意誤導下，順從了對方主張的思路，判決我方敗訴。

為了撥亂反正，我擬定從「說明合約規定」與「澄清事故真相」等兩方面入手，以期在二審法院導正所有問題。由於保險事故地點在海外，我於是要求當事人同意我實地去勘察。在前後不到三天的時間內，我快速完成蒐證之旅，瞭解事故發生原委。原來，在原先委請的鑑定公司即將做出應該理賠的結論之前，對方為達拒賠的目的，要求鑑定公司更換所有鑑定人員，並且做出沒有發生保險事故的不實報告。

幸運的是，這起二審上訴案件，我遇到一位律師生涯中僅見的認真法官，雖然司法變形蟲在一審遭到誤導，但二審法官是位清明的司法人員，自然減輕我訴訟上的壓力。法官選定一整個上午或下午時間開庭，讓訴訟雙方暢所欲言，使我得以專注釐清糾紛的內容。

由於對方為達到拒賠目的，前後聘請過多家鑑定公司，分別做出不同的鑑定報告，而且竟然完全沒有告知我方。更有趣的是，鑑定人本應站在公正立場鑑定保險事故有無發生，但有位鑑定人竟然在還沒有做出報告前，已經代表對方通知我方拒賠。

我花了一年多的時間，才慢慢勾勒出事實原委，於是製作一份「事件大事記」，一方面打擊一審判決的錯誤；另一方面提出正確事實說明。我總共寫了二十一份書狀，約計上千頁，猶如導了一部電影。最終，我成功扭轉我方局勢，二審改判我方勝訴。

由於一審判決有十六頁，且這起保險訴訟涉及許多專業問題，又訴訟拖延許久，許多資料已無法取得，加上相關文件都是外文，無疑增加扭轉司法變形蟲的困難。而我那上千頁書狀，就是改變司法變形蟲的主要武器。

訴訟實例

CASE 5 金錢會使司法變形蟲產生變化

很多時候，巨額金錢糾紛案件輸不起的訴訟一方，會無所不用其極，企圖影響相關司法人員，而這隻司法變形蟲也就很容易遭到引誘而變形，自然影響它的價值判斷。該如何防止或因應呢？聖經《傳道書》第一章第九節以下說：「已有的事，後必再有，已行的事，後必再行。日光之下並無新事。」唯有堅持走在公道上，確信邪永不勝正。

上述的保險官司案例，由於糾紛金額龐大，是這家保險公司登記資本額的好幾倍。二審判決逆轉，當然不是他們所樂見，於是他們上訴最高法院是意料中之事。最高法院當時採祕密分案，且為書面審理，沒有開庭，理論上，雙方不知道案件由哪一位法官審理，這原是為了確保司法公正。不過，這良好美意的制度設計，仍有可能遭到有心人士破壞。

對方提出上訴後，我每隔一定期間就會向最高法院聲請閱卷。但我前後聲請六次閱卷，沒有一次獲准，我請同事以電話詢問最高法院，得到的答案都是：「卷宗仍在法官手中，這是祕密分案，我們無法要求法官提供卷宗。」這是我當時執業二十多年以來，從沒遇過的情形！

依照我過去的指導律師的說法，以及最高法院書記官告知我方無法閱卷的理由，一旦我方聲請閱卷並獲准，案件必須在閱卷後重新分案。果真如此，這案件就不是由判決書所載的法官審理。從我聲請閱卷六次都未獲核准的結果推論，已清楚說明其中奧妙了。

就在我們持續定期聲請閱卷時，突然收到最高法院書記廳的通知，本案發回二審重新審理。果然不出我所料，這隻司法變形蟲又開始變化了。最高法院雖然將案件發回二審重新審理，但它發回的理由沒有觸及「保險事故是否發生」，因此我方仍然可以控制這隻司法變形蟲變形的底線，不過我不期望能碰到如之前那位認真辦案的法官。

果真，接手的新法官沒有專為本案訂定半天的審理庭，這個案件只是她眾多審理案件中的一件，所以我們通常只有十幾分鐘的開庭時間。最後，二審法院仍然判決保險事故發生，對方應該理賠，只是總金額減少，這是我意料中之事。

有了上次最高法院的經驗，我確信不論法院判決金額多少，只要二審判決仍然認為保險事故發生，對方自然不會罷休，必定再次提起三審上訴，而且最高法院仍會發回更審。果真，這案件只在最高法院躺了四個月，又發回二審重新審理。此次，最高法院發回理由竟然直接觸及二審法院有權認定的事實問題。顯然，這隻司法變形蟲非常可怕。

最高法院此次的發回理由，具體指出部分鑑定報告認定的事實不可採信，他們主動介入事實核心問題，已失去最高法院做為「法律審」的基本立場。司法變形蟲顯然明知前兩次的二審判決都認定保險事故已發生，不符合對方利益，如果不否定這項事實，保險公司怎樣上訴都無法得到不用賠償的判決。所以，最高法院此次發回理由符合對方的期待。

最高法院此次判決確實讓我開了眼界。這個判決理由乍看之下與一般判決相似，很難指出有什麼重大瑕疵，但正好說明涉及巨額金錢糾紛的案子，很容易使司法變形蟲遭到引誘而變形，他們利用一般人不懂法律專業的弱點，提出似是而非的理由，不僅可怕，更不易防範。

這個案件如預期回到二審法院，而二審法院最終改變了第一次二審判決認定保險事故已發生的事實。我為了反駁最高法院發回的判決理由，雖然重新整理相關事實，寫下了長達八十幾頁的書狀，仍不敵司法變形蟲的變形敗壞，嘗到了二審首次敗訴的滋味，而當事人依然相信我的專業，堅定地提起三審上訴。

就在協助當事人完成三審上訴的書狀後，我有幸出版本書，將此案件前後遭遇的司法變形蟲公諸於世。沒想到，媒體竟以「張冀明律師踢爆司法黑幕」的文章錯誤報導，引起特偵組關注，進而以「正己專案」為由傳訊我，他們想從此案件入手調查。

就在特偵組結束對我的傳訊及調查後不久，最高法院再度將本案發回二審重新審理，而發回的理由明顯對我方有利，司法變形蟲似乎改變過去對我方不利的變化方向。不過，好景不常，此案件不幸由一位只想安穩生活的二審法官承辦，她看似耐心聽取雙方主張，並依對方要求傳訊海外公證人來台作證，且安排翻譯人員。

經過近兩年審理，她竟以「我方的請求超過時效」為由，判決我方敗訴。可議的是，我方的請求權時效問題早在一審確認沒有超過法律的時效規定，而先前三次的二審也確認在案；況且，時效問題通常是民事案件能否成立的首要前提，如果我方請求權超過時效，法院無須調查其他證據或傳訊證人，就可以直接以此理由駁回我方請求。

如果這位法官的見解正確，理應在承辦此案件後的二、三次開庭中，查明此事實並駁回我方的請求，無須大費周章地耗時兩年，以及傳訊海外公證人來台作證。司法變形蟲仍不斷變化。當事人無奈之餘，再度上訴最高法院，而最高法院也很快發回二審重新審理，並以嚴厲口吻批判之。

最終，這件案子由一位認真的法官承辦，他重新調查確認保險事故發生，且耐心審酌理賠單據，判決我方勝訴，而最高法院嗣後駁回對方上訴，全案終於落幕，當事人獲得保險理賠。當事人從二〇〇三年起訴到二〇一七年結束，前後花了十四年。倘若司法變形蟲沒有作亂，這起案件何須重複來回二、三審十二餘年。一個人的人生究竟有多少十二年能承受司法變形蟲的變化！

本書改版之際，這個案件已順利結束，我感謝當事人一路以來的信賴，沒有因為司法變形蟲數次變化，質疑我的法律專業。此案件先前遭到最高法院「祕密分案」的乖舛命運，於二〇一二年四月十六日以後最高法院改為「公開分案」，當事人終能迎來最高法院的青睞，獲得最終勝訴確定，讓我得以詳實記錄此案件。

刑事訴訟的司法變形蟲

刑事訴訟主要是代表國家的檢察官與犯罪嫌疑人之間的訴訟。比起民事訴訟，刑事訴訟制度的設計比較複雜，加上偵查採祕密的方式進行，參與調查的人員眾多，素質參差不齊，所以這隻司法變形蟲的變化速度很快，且不易看清楚，訴訟不可預期性比較高。

刑事訴訟變形蟲成員

刑事訴訟主要包括**刑事偵查**和**刑事審判**兩部分。前者的參與者主要有**偵查檢察官**、**檢察事務官**、**書記官**、**司法警察**、**調查人員**和**犯罪嫌疑人**；後者的參與者主要有**刑事法官**、**書記官**、**公訴檢察官**及**被告**。

組成刑事訴訟的成員眾多，所以這隻司法變形蟲的體積龐大又複雜。如果不幸涉及刑事案件時，在不同階段會遭遇不同成員，司法變形蟲的特性也不同，必須不時調整心態與動作，才能妥善應付。

刑事偵查的成員

偵查檢察官

刑事偵查的靈魂人物是偵查檢察官，他們握有犯罪嫌疑人的生殺大權。一旦他們認為嫌疑人涉有犯罪而將他起訴，刑事偵查程序就告結束，進入刑事審判程序，而犯罪嫌疑人也變成刑事被告，面對通常是三個審級的審判過程。

早期，檢察官主要負責刑事偵查，一旦起訴犯罪嫌疑人後，檢察官就成了刑事審判庭中的「原告」，不過他們很少參與原告的角色，而是由刑事法官直接面對被告。直到二〇〇三年《刑事訴訟法》修正，要求檢察官必須參與刑事審判，無形加重了檢察官的工作負擔。於是，檢察官就區分為**偵查檢察官**和**公訴檢察官**。

偵查檢察官調查犯罪嫌疑人是否涉及犯罪，他們通常高高坐在偵查庭的桌子前，要求犯罪嫌疑人到庭接受調查，被調查的嫌疑人必須站著應訊，除非偵查檢察官開恩，特別允許嫌疑人坐著應訊。偵查庭只有一道門和高高的氣窗，四面牆壁空蕩蕩的，給人陰森肅殺的感覺。

偵查檢察官操控偵查庭的一切活動，如果你不幸遭到調查，要注意回應檢察官的所有問題，而且要注意檢察官的反應，因為他們是刑事偵查期間的關鍵人物，不僅決定你是否要繼續面對其他司法變形蟲，也決定你的清白。

尤其，偵查檢察官從事調查工作，他們擁有祕密偵查的權力，但是法律並未規定祕密的範圍，所以實務常見偵查檢察官針對具體案件對外發布消息。這表示檢察官是祕密偵查範圍的決定者，他們可以選擇是否公開偵查的內容，而當事者最好順著他們的意思回應，減少對立衝突。

檢察事務官

為減輕偵查檢察官的工作負荷，立法院於一九九九年修正《法院組織法》，增設「檢察事務官」一職，協助偵查檢察官調查犯罪及蒐集證據。檢察事務官經由考試錄取，於接受法務部訓練課程後，協助偵查檢察官實施搜索、扣押、勘驗或執行拘提，以及詢問告訴人、告發人、被告、證人或鑑定人等。

檢察事務官有獨立的辦案地點。不同於偵查檢察官的偵查庭，檢察事務官沒有穿著法袍，且開庭時的位子高度也與犯罪嫌疑人相同，開庭氣氛未必如同偵查檢察官般具有肅殺之氣。然而，他們的看法足以影響偵查檢察官，與他們溝通仍應慎重。

檢察事務官寄送的開庭通知書是以偵查檢察官的名義，但通知書上會載明：「本案由XXX檢察事務官詢問」等字樣。他們雖然沒有決定犯罪嫌疑人有無構成犯罪，以及起訴、緩起訴或不起訴的權力，但是他們的看法會影響偵查檢察官的辦案方向及決定，也是司法變形蟲的主要成員之一。

書記官

偵查檢察官及檢察事務官均配有書記官，協助他們記錄偵查庭的偵訊過程，並負責整理偵查文檔。他們在記錄時沒有電腦螢幕可以同步呈現給犯罪嫌疑人看，嫌疑人只能等到偵查訊問完畢後，才能閱讀書記官的記錄內容。

不論記錄內容多少，你一定要仔細閱讀，因為偵查供詞是刑事審判的重要參考。一旦你在偵查筆錄上簽名，就表示承認記錄內容都是真的，很難事後在刑事審判中否認。因此，如果筆錄記載確實不是你的本意，一定要請求更正，不要害怕是否得罪偵查檢察官或檢察事務官。

司法警察

刑事偵查庭沒有通譯，不過偶爾會有一位司法警察穿梭在幾個偵查庭，一方面維持偵查庭的安全，另一方面也聽從偵查檢察官指揮，協助辦理偵訊工作。他們不瞭解具體案件，只負責每日偵查庭召開的執勤工作。

刑事警察

刑事警察協助偵查檢察官辦案，是司法變形蟲的主要成員。刑事警察為社會治安的第一道防線，依法有主動調查犯罪的權力，他們會將調查的結果移送偵查檢察官，決定是否起訴犯罪嫌疑人。

刑事警察在各地警察局辦案，不僅會主動外出調查犯罪，也可以通知嫌疑人到場說明。如果遭到刑事警察調查或通知到場，要慎重回應他們的問題，否則，一旦他們認為你有犯罪嫌疑，就可以立即將你移送偵查檢察官，做進一步的調查。

調查人員

調查人員主要是在各地調查站辦案，他們可以主動出擊辦案，也有權要求嫌疑人到場。如果發現刑事犯罪嫌疑，他們也可以主動偵辦，等到偵查告一段落，才將案件移送偵查檢察官，決定是否起訴犯罪嫌疑人。

偵查檢察官有權要求調查人員協助辦案，但調查人員不會出現在偵查庭中，而是依照檢察官指示調查。他們沒有書記官的配置，不過調查人員辦案常是一群人出動，很有氣勢，會讓人心驚膽顫。

調查人員通常會協助偵查檢察官執行搜索動作，只要有合法的搜索票，他們大隊人馬就可以直接進入你的住家或公司行號，而且有權帶走他們認為是犯罪證據的所有資料。他們同樣是司法變形蟲的主要角色，要謹慎因應。

關係人

偵查檢察官之所以啟動刑事調查，主要是有人提出檢舉。提出檢舉的人可能是被害人，也可能是一般人。他們提供的資料或訊息，是決定嫌疑人是否涉及刑事調查的重要因素。這些關係人不屬於司法變形蟲的成員，但他們肯定是影響司法變形蟲是否變形的重要原因。

如果你與他人發生糾紛，對方認為你的行為構成犯罪而提出「告訴」時，你就會遭到偵查檢察官、檢察事務官、刑事警察或調查局人員的調查。不論你是否確實涉嫌犯罪，刑事調查過程是相當痛苦的經歷，未必可以全身而退。

尤其，如果對方與有權發動調查的人員熟識，你更可能凶多吉少，遭到調查的機率很高。我過去常聽到當事人談及他們遭到調查的原因，雖然我沒有親眼看見，但是聽他們描述情節，很難認為是純屬巧合。

此外，如果有其他人和你一同遭到調查時，你們就叫「共同犯罪嫌疑人」，共同犯罪嫌疑人的供詞可以做為彼此犯罪與否的參考。所以，共同犯罪嫌疑人與你有利害關係，也是你必須注意應對的人，他們固然不是司法變形蟲的成員，但是他們也會影響司法變形蟲對你的看法。

律師

律師可以做為刑事犯罪嫌疑人的「辯護人」，也可以成為被害人的「告訴代理人」。當然，律師不可以在同一案件中，同時扮演這兩種角色。不過，我也曾聽說有不肖律師，違反職業道德，私下從事違法的雙重角色。

律師為當事人的利益著想，他們提出的意見會影響訴訟雙方的權益。所以，如果對方委任律師辦理刑事案件，你要格外小心。不要只注意對方當事人，也要留心他所委任的律師。畢竟，有時不肖律師會提出不符事實的主張，讓你遭到調查。

對於犯罪嫌疑人而言，律師主要擔任他們在刑事偵查中的辯護人，保護他們在刑事偵查過程可以獲得公平對待。不同於民事訴訟制度，犯罪嫌疑人即使委託律師到場，本人仍須親自出庭，因為辯護律師不可能代表說明有無不法犯罪，只能陪同在旁。

同樣的，共同犯罪嫌疑人委任的律師也會陪同他的當事人開庭。為了保護他的當事人，所提出的答辯內容可能會影響你的權益，尤其，如果你們之間有利害衝突時，你與你的律師就要特別關注共同犯罪嫌疑人及其律師的動作。

刑事審判的成員

刑事法官

刑事法官是刑事審判的靈魂人物，由他們決定被告是否犯罪，也決定被告的刑罰。他們有權指揮法庭中的一切活動，你在法庭內的一舉一動都要遵守其要求。目前刑事審判的第一審和第二審都是由三位法官一起審理，採行合議制；至於第三審則由五位法官合議審理，不過，第三審是書面審理，無須開庭，無法與法官互動。

合議制是由一位受命法官調查，其開庭稱為準備程序；之後會由三位法官一同在法庭中審理，中間坐的是審判長，坐在審判長右邊的是受命法官，左邊是陪席法官。本來，案件應該由三位法官一同討論及決定，但通常是受命法官與審判長決定。所以，開庭時要隨時注意受命法官及審判長的問題和意見。

書記官

刑事法庭也設有書記官，他們是記錄開庭過程的人。由於參加刑事訴訟的相關人員比民事訴訟的當事人多，書記官必須記錄所有參與者在法庭中的主張，所以他們的工作比起民事法庭的書記官更為繁重。

刑事訴訟制度從「法官職權調查主義」，改變成「改良式當事人進行主義」，法官、公訴檢察官、被告和辯護律師在法庭中的主張，以及證人詰問的對話，書記官都要一一記錄。為了自己的權益，當你在法庭上提出答辯時，要同時看著電腦螢幕所呈現的記錄內容，以便隨時要求更正。

不同於民事法庭的書記官工作，刑事法庭的書記官單純記錄開庭過程，協助整理卷宗文檔，他們不會決定你的案件結果，所以，他們雖然是司法人員，但不至於會影響司法變形蟲的變化。

通譯

與民事法庭相同，刑事法庭的書記官旁邊會坐個通譯，他們的工作本質是協助被告與法官之間保持良好溝通，使開庭進行順利。但目前因為法官與被告沒有國、台語的溝通問題，所以通譯的工作就是協助法官提示法院文件給被告閱讀，不單純是翻譯的工作。

同樣的，他們雖然是司法人員，但不會影響到案件進行。

公訴檢察官

刑事審判的當事人是公訴檢察官與被告。公訴檢察官代表國家追訴被告的不法行為，如同民事訴訟中的原告。理論上，刑事訴訟的雙方當事人處於平等地位，不過，實務上，被告一旦遭到偵查檢察官起訴，法官就推定被告有罪。此外，公訴檢察官與法官同樣通過司法官考試，刑事法官自然對公訴檢察官較客氣，訴訟雙方地位不同。

二〇〇三年修正《刑事訴訟法》，加重公訴檢察官舉證被告犯罪事實的責任，而且引進了英美的「證人交互詰問」制度，公訴檢察官真正成為刑事訴訟的原告。他們不是代表被害人執行刑事訴訟的原告角色，而是代表國家追訴被告的犯罪行為。所以，他們也是影響司法變形蟲變化的要角。

共同被告

共同被告也是刑事審判中的當事人，接受公訴檢察官的追訴，以及刑事法官的審判。一旦遭到偵查檢察官起訴後，共同被告間是否仍有利害衝突，可以從起訴書記載的犯罪事實分析，不像在偵查祕密下，不容易掌握是否有利害關係。

在法庭中，被告和共同被告各自為自己的清白辯駁，理論上不宜相互攻擊。不過，仍須關注他們的變化是否會影響到司法變形蟲隨之變化。

律師

在刑事審判中，被告委任的律師是「辯護人」，而被害人聘請的律師為「告訴代理人」。前者是保護被告在刑事審判的過程中獲得法律的公平對待，且協助請求法官調查對被告有利的證據；後者則是維護被害人的追訴權益，協助公訴檢察官實施追訴，並監督刑事審判過程。

如同刑事偵查程序，被告即使委託律師為他們辯護，本人仍須親自出庭，因為被告有無起訴書所載的犯罪行為，是否作認罪協商或無罪答辯等，均涉及人身自由的問題，必須由被告自己表達及說明。辯護律師一方面保障被告獲得公平審判的權利；另一方面為被告提出法律上的辯護，主要是針對被告所陳述的事實，提出法律辯護理由，並質疑檢方的起訴內容。

由於刑事案件經偵查檢察官起訴被告後，案件移轉到法院審理時，就由公訴檢察官接手擔任追訴被告的原告角色，所以被害人聘請的律師，主要功能是協助公訴檢察官追訴被告。公訴檢察官沒有參與偵查辦案，未必能掌握案件細節，被害人聘請的律師能補充其不足。

律師不論接受被告或被害人的委任，在刑事審判過程中的表現都會影響司法變形蟲的變化。如果律師不知道或不用心保護當事人在刑事審判中的權益，當事人最好考慮撤換律師，或是增加聘任其他辯護律師。法律規定一個被告最多可以選任三位律師為辯護人。

掌握變形蟲變化的因素

聖經《耶利米書》第十七章第九節說：「人心比萬物都詭詐，壞到極處，誰能視透呢？」犯罪嫌疑人或被告是否涉嫌犯罪，法官、檢察官、調查局人員或刑事警察真的能知道嗎？

同樣的，法官、檢察官、調查局人員、刑事警察或律師如果為惡，由於他們享有一定的權力，該如何保障犯罪嫌疑人或被告的訴訟權益呢？理想的刑事審判程序，被告在被判決有罪之前，都應該推定為無罪。因此，理想的刑事訴訟應該如下所述：

一、偵查檢察官調查犯罪嫌疑人有無不法行為時，他們是代表國家行使調查的權力，應該公正辦案，法律要求他們對於嫌疑人有利和不利的事實都要注意，不能冤枉好人，也不能錯縱壞人。

二、法官對於遭到起訴的被告，不能以有色眼光看待，應依法查明偵查起訴的內容，也應該給被告機會辯解，再做出判決。有罪者科以適當刑罰，無罪者還以清白。

三、被告遭到起訴但還沒判決確定前，即使遭一審法院判決有罪，都應該推定他們是無罪的，上訴法院和社會不應該以有色眼光看待他們。

刑事訴訟制度主要包括兩大部分：一是以檢察官為首的刑事偵查程序；另一是以法官為首的刑事審判程序。前者是由檢察官決定犯罪嫌疑人是否涉嫌犯罪，做出「起訴」、「緩起訴」或「不起訴」的決定；後者是法官針對被起訴的被告，決定其是否犯罪，做出「有罪」或「無罪」的判決。以下針對這兩大部分，說明司法制度實際的運作情形：

刑事偵查的現況

為了維護社會治安，面對可能的犯罪嫌疑人，檢察官、檢察事務官、調查局人員和刑事警察要判斷誰受冤枉，誰真的犯罪，他們的工作確實困難。就是因為這項工作困難度高，所以法律層層規定，要求執法人員謹遵司法遊戲規則。但實務上，偵查行動還是因人、因環境而異。

偵查檢察官的類型與辦案態度

偵查檢察官的辦案態度大致上可以分為三類：第一種是認真辦案的檢察官；第二種是追求升官名利的檢察官；第三種是謀求一份薪水的檢察官。他們的人生哲學不同，辦案的過程和結果就不同。對你而言，認真辦案的檢察官不一定是最好的，端視你站在訴訟的哪一邊。

——認真辦案的偵查檢察官

認真辦案的檢察官或許有摘奸發伏的心，但如果沒有悲天憫人的胸襟，可能只會依照法律辦理，毫無人情。尤其，站在第一線的地方檢察官，大多是大學剛畢業即通過司法考試的年輕學子，他們沒有太多社會歷練，如果濫用了法律賦予的權力，非社會之福。犯罪嫌疑人如果遇上這種檢察官，最好說清楚行為前後原委，不要抱持望大人明察的懶散心態。

如果遇到悲天憫人的檢察官，犯罪嫌疑人可真是三生有幸。我曾代理一件食品安全的案子，根據當事人提供的資料，加上我對司法實務的瞭解，我對於當事人可否安然度過檢察官的調查不太樂觀。幸好，他吉人天相，遇到了這類型的檢察官。這個案件雖然是調查局移送的案件，但檢察官研究相關食品法令及市場交易現況後，只要求當事人要審慎經營食品添加物的交易，以消費者健康為重，最後做出不起訴處分。我著實佩服這位檢察官的辦案精神，也慶幸當事人遇到這位悲天憫人的檢察官。

如果你是被害人，一定希望認真辦案的檢察官為你伸張正義，但你不能抱持放任檢察官辦理的心態，仍須主動表明對方犯罪的事證，請求檢察官為你查明。我在前作中提到「友訊訴威盛」一案，就是遇到了一位用心辦案的檢察官，我事後才知道他辦理此案時，還是個尚未當兵的年輕人。如他這樣的辦案熱忱，才會依照我的請求，查出那位竊取資料的被告拿了雙份薪資，案件才能真相大白。

——追求升官名利的偵查檢察官

有些檢察官在起訴犯罪嫌疑人時，認為不論是否冤枉，反正被告會經過三個審級的法院審判，如果查無實據，自然可以還其清白；相反的，如果判決被告有罪，那就證明檢察官起訴是正確的。

我過去曾有幾位當事人遇到這類型的檢察官，不幸的是，他們的案子是當時社會矚目的事件，因此給了這類型檢察官「出頭」的機會。他們踩著當事人的清白與訴訟成本，換取自己的成就。

我曾陪同一位當事人接受檢察官調查，那是一件關於公司資金有無遭到掏空的刑事案件。因為事實複雜，我為他撰寫了不下二十份的書狀，而且每份書狀都有數十頁。我也曾經親自陪同當事人向檢察官說明。直到我的當事人遭到起訴，我從法院調閱偵查的相關卷宗，才知道檢察官只單憑他先入為主的結論，就做出不利於當事人的錯誤起訴事實。

幸好，法院經過多年審理，重新調查我在偵查中提出的證據與主張，還當事人清白，但是當事人經過多年訴訟，心理所受的煎熬絕非筆墨可以形容。而我事後從媒體報章得知，這位檢察官因為辦了這件重大案件，獲得長官拔擢，得到了他多年來夢寐以求的職位。

我記得大學時代有位優秀的學長，不僅常高喊司法正義，是師長心中的模範生，後來還以優秀的成績考上司法官，進入司法界擔任檢察官。但在我執業律師第一年時，就聽聞當事人指名道姓說，這位檢察官直接在偵查中開口要錢，否則就「收押禁見」。我當時聽了非常訝異，但當事人信誓旦旦，而且口氣憤憤不平，讓人很難不相信，也很感慨。

——只求一份薪水的偵查檢察官

有些檢察官只想求得一份安身立命的工作，沒有維護社會正義的使命感，單純抱持著「當一天和尚，敲一天鐘」的心態。他們依法調查案件，你難以批評他們的作為有何不當。這類型的檢察官固然少了一份工作熱忱，但至少不太會接受干預或關說，也不至於冤枉無辜。

遇到這類型的檢察官，就看你站在哪一方了。如果你是要求檢察官調查犯罪嫌疑人的被害人，最好常常提出書狀讓檢察官記得你的案件，以免意外收到結案通知；如果你是遭到調查的犯罪嫌疑人，或許可以以逸待勞，依照檢察官的辦案進度提出主張，不要操之過急，當然，如果你能提出非常有利的證據，大可盡速提出，並要求檢察官立即結案。

我曾在一件涉及高科技專業知識的案件中，遇到這類型的檢察官，她顯然不願意學習新知及花時間偵辦。她一開始就質疑我們提出告訴的時間已超過追訴時效，等到我們提出相關證明後，她又找理由要求我們提出說明，一副不願偵辦的態度。

為了當事人利益，我耐心提出書狀說明，等到一切疑難排除後，沒想到她又請了產假。初為人母，我不好催促她開庭。之後，我們請書記官代為傳達請求開庭的期待，並具狀說明我們提告的理由。沒想到我們的請求都石沉大海，不久就收到了不起訴處分書。

細讀不起訴處分書，我才知道她曾開過兩、三次庭，但故意不通知我方到場，顯然她不想偵辦這件案子，所以只通知犯罪嫌疑人，聽了嫌疑人的片面說詞後，就草草結案。

檢察事務官的辦案實況

檢察事務官經由考試選拔，但考試內容與檢察官不同。檢察事務官協助偵查檢察官辦案，詢問告訴人、告發人、被告、證人或鑑定人等等。司法實務中，偵查檢察官交給檢察事務官負責調查的案件，通常顯少再親自調查，會依檢察事務官的調查結果，直接做出處分。

如同偵查檢察官有三種不同辦案態度，檢察事務官同樣有認真辦案、追求升官及謀求一份薪水等三種類型。他們協助偵查檢察官辦案，足以影響偵查檢察官的看法，也屬於司法變形蟲的一環，所以面對他們的調查仍不能掉以輕心。

我曾代理一件企業主追訴公證人涉嫌偽造文書的案件，公證人利用企業主先前曾公證其他事項所取得的護照影本，與犯罪嫌疑人共謀，將企業主原先提供的護照影本移花接木做為另一件申請公證契約的申請人，使犯罪嫌疑人所偽造的契約經由公證手段取得合法效力。

公證人沒料到企業主的護照在他與犯罪嫌疑人共謀犯罪的期間已經過期，該企業主已申請換發取得新護照，這個新護照恰好證明公證人與犯罪嫌疑人共謀偽造文書。不過，這個證據資料仍不敵司法變形蟲的變化，案件始終由檢察事務官負責調查，最終檢察官認定公證人沒有犯罪。

這案件雖然曾經高檢署二次發回續行偵查，但始終由檢察事務官辦理，偵查檢察官從未介入。無論如何，倘若案件始終由檢察事務官負責辦理，犯罪嫌疑人獲得不起訴處分的機率較高；反之，如果檢察事務官調查後，再由偵查檢察官親自調查，犯罪嫌疑人則須慎重面對。

調查人員的辦案實況

調查局辦案主要可分為兩種情形：一是主動調查，再移請檢察官偵查；一是依檢察官指示辦理。不論是哪一種情形，常有人說調查局調查的結果，檢察官通常會「照單全收」，也常將調查局移送的調查內容轉成檢察官的起訴書，因為檢察官也擔心他們會遭到調查局的調查。不論傳言是否屬實，調查局是司法變形蟲的一環，他們無權決定是否起訴犯罪嫌疑人，但他們移送的內容對犯罪嫌疑人的命運有決定性的影響。

——搜索加訊問的疲勞轟炸

不論調查局是主動偵查，還是依檢察官指示調查，他們常發動搜索行動，而且搜索後常會帶回特定人進行偵訊。根據我的經驗，調查局的調查通常從一大早拖到傍晚。每當我接獲當事人緊急電話，要求我盡速到場瞭解調查局的搜索行動時，我就有當天不睡覺的心理準備。千篇一律的情況是，一大早到達調查局搜索的地點，陪同當事人直到調查局結束搜索，爾後再陪同當事人赴調查單位接受訊問。

調查局人員即使中午前完成搜索並帶回當事人，通常也不會立刻訊問，而是拖到中午，先提供一個不錯的便當給當事人享用，不過沒有當事人有心情吃；同時，他們會不經意地與當事人閒聊案件背景，並附帶告知當事人，「如果配合調查，就可以很快回家」。但當事人大多沒有享受過這樣的待遇，反而是折騰到深夜，甚至是隔日的清晨。

——威脅利誘的訊問方式

等到一切就緒可以訊問時，通常已經是下午兩、三點，而調查人員會分三組人馬，針對相同的問題來回不斷訊問當事人，或是從不同角度重複訊問，以取得當事人的矛盾口供，尋求突破心防。除非當事人的答案是他們所要的，他們才會轉到下一個問題。

如果接受訊問者不只一人時，調查人員會來回進出訊問室，相互比對所有回答。甚至，他們常會以「其他人已經承認，你最好承認」或「其他人都說是你，你最好承認」等等，企圖取得當事人承認的口供。

有時他們會以「如果配合調查，承認相關事情，就可以早點回家」，以期取得受訊問人的口頭承認。許多當事人遭到起訴後，常告訴我，他們在調查局之所以承認口供，是因為調查人員說：「只要趕緊承認，就可以返家。」他們信以為真，於是同意配合調查人員訊問的內容，並簽名於筆錄上。

但是，他們配合調查的結果，通常仍會遭到移送檢察署，接受檢察官再次訊問，而他們的口供內容就成為檢察官決定是否聲請法院羈押的原因之一，甚至因此遭到起訴犯罪。這種情形對刑事審判相當不利，如果當事人沒有更好的理由，法官通常不會接受「遭到調查局欺騙」的答辯理由。

——調查人員與檢察官「輪班」

「張律師，調查局人員來搜索，請趕緊來一趟。」我過去常接到當事人這樣的電話指示。調查人員通常在拂曉出動，搜索當事人的住家或辦公處所，於近中午時刻結束搜索，將當事人帶回調查局訊問直到深夜，甚至到隔日清晨。

我陪同當事人從早晨到傍晚，看著他們將當事人帶到地檢署後快樂下班，討論到何處飽餐一頓或是相約打球，而我必須為當事人與檢察官繼續奮戰，滋味實在很不好受。

我實在無法理解為什麼調查局調查的案件，都要從一大早拖到傍晚。不知是否他們承辦的案件通常是「重大案件」，所以必須有此動作。而大部分案件移送到檢察署後，檢察官通常會再訊問當事人，之後就是決定聲請羈押，而我就必須等待檢察官整理好相關卷宗，並移送給法官閱讀，再等待法官召開臨時庭，與檢察官交火，為當事人應否遭羈押而戰。

——與媒體的共生關係

我常在想，檢察官與調查人員的上述辦案方式，難道沒有改進的空間嗎？或許不拖到深夜，無法顯示犯罪嫌疑人的犯案情節重大，更無法顯示檢察官與調查人員的辛苦，同時可以引起媒體注意，案件就比較容易成為報紙的頭條，引發社會關注。我過去常受這種工作環境煎熬，在辦案過程中，又要為當事人思考閃避媒體的方法，真是腹背受敵，也因此得罪了不少媒體朋友。

我發現檢察官、調查人員與媒體似乎有「共生關係」。有一次，我陪同當事人到地檢署開庭，因為案件是社會矚目的案子，媒體早已守候在地檢署。為了保護當事人，我使出調虎離山計，讓媒體無法取得當事人畫面，事後我知道他們因此在外面發生不小爭執。

當我與當事人進入偵查庭後，才知道當事人必須先接受調查人員訊問，我因此請求檢察官給予當事人方便，可以從其他通道進出，迴避媒體的採訪。本以為檢察官指示調查人員改由其他通道，調查人員會依檢察官命令執行。沒想到，調查人員先將消息透露給媒體記者，等大批媒體轉換位置就緒後，調查人員才將當事人帶出，以滿足媒體記者的需求。

——看清調查人員要你簽名的文件

調查人員常是檢察官辦案的第一線「打手」，他們必須應付千奇百怪的犯罪，承受不小壓力。如果你不幸遭遇到他們的搜索與調查，因為他們是執行公權力，不宜正面與之對抗。但如果他們要求你簽名時，一定要看清楚文件內容的記載，對於不符事實的內容，千萬不要隨意簽名表示同意。

我曾經歷過調查人員利用嫌疑人不熟知法律，在沒有取得合法搜索票之下，或沒有依搜索票記載的時間、地點執行搜索，就要求嫌疑人讓他們進入搜索，等搜索行動結束時，他們會要求嫌疑人簽名，使他們非法的行動，因為取得當事人同意及簽名，變成了經當事人同意的合法搜索。

亡羊補牢的做法是，我會告知吃了悶虧的當事人，他們有權在調查人員未進門前，要求對方出示證件，同時出示搜索票，並看清楚搜索票內容，如果調查人員執行的搜索不符合搜索票記載，你有權拒絕他們進入；如果你不好意思拒絕搜索，可以立刻請律師朋友到場，為你爭取應有的權益。

如果你所在的地點與搜索票所載的地點不同時，你也有權拒絕搜索，千萬不要不好意思，因為一旦引「狼」入室，將身陷不必要的法律深淵。曾有位當事人很有法律概念，當他遭到調查人員光顧時，找了許多藉口拖延開門時間，同時急電我到場。雖然我到場時調查人員已經進入，但他們還沒有搜到什麼東西。

我請求調查人員的主管出示搜索票給我，就在我仔細端詳搜索票內容及附件清單時，一名調查人員竟出手想搶回我手中的搜索票，幸好我當時還年輕機警，快速阻止他的粗魯行為。我不滿地表示：「這搜索票目前由我合法持有，你想以非法手段搶回，構成了妨害我正常行使權利的刑事犯罪，我可以對你提出告訴。」他立即停止粗暴行為。

在得知他們沒有搜得任何不法證據下，為了當事人利益，我仍與他們示好，並對我上述動作表達歉意，期使他們不至於將怒氣轉移至當事人。畢竟，當事人還須接受他們的訊問。

警察變形蟲的變形之例

警察是人民保母，工作繁重，不同種類的警察有不同工作執掌：刑事警察主要負責偵辦刑事案件；交通警察主要負責交通事件；消防警察主要負責消防事務。不過，當警察遇到犯罪嫌疑人時，不論工作執掌如何，都得採取必要手段。如果遭遇警察詢問或盤查，要小心面對，否則很容易惹禍上身。

——無辜少年的不幸遭遇

記得我在大學任教期間，一位學生的弟弟騎乘摩托車遭到警察臨檢，沒想到他的摩托車引擎號碼無法辨識，警察於是將他帶回派出所調查。他的摩托車是向中古車商購買，沒注意到引擎號碼已遭磨損，警察因此懷疑是贓車。由於當事人當時尚未成年，警察於是通知他父母到場。

他父母到達後，警察只是禮貌性地說明原委，並表示沒有什麼大事。他父母將購買這輛二手車的相關文件一併交給警察，要求警察查明真相。不過，警察沒有收受該文件，只表示完成必要調查動作，就會釋放當事人，並要他父母先行返家。

沒想到，就在他們離去不久，警察開始對當事人施以威脅口氣訊問，當事人不知所措，只好依警察的指示，在他們預先做好的筆錄上簽名，承認這輛二手摩托車是偷來的。之後，警察就以當事人承認的這份口供，將他移送地檢署，結果拖到深夜兩點多，才通知家人以三萬元交保。他們這才發覺事態嚴重。

由於當事人在警局承認車是偷來的，即使他們事後再次提出購買二手車的相關文件，檢察官和法官也因為出賣二手車的車商強烈否認，加上無法提出二手車的合法購買來源，導致法官判決竊盜罪成立。這位年輕人在還沒有成年前，就因為警察爭取辦案績效，犧牲了清白，留下前科紀錄。

——披著羊皮的狼

有位媒體朋友因父母遭到詐騙集團詐騙，損失所有退休金。由於她弟妹在銀行上班，從銀行的隱藏式錄影機查得詐騙集團成員曾至銀行領錢，他們因此取得了領錢人的真實面孔。他們本以為可以順利取回金錢，於是在第一時間立刻搜集相關資料，向政府成立的詐騙專線報案。

她以為偵辦詐騙集團的警方會立即透過他們辛苦搜集的資料，盡速查明詐騙集團成員，好使她父母早點脫離終日愁苦的心情。沒想到，當他們提供相關資料給警方不久，有位警察不時前來拜訪，並一再詢問他們是否還握有其他資料，卻不見有任何偵辦動作。最後，他們驚覺警方似乎想將他們已掌握的相關資料予以控制，甚至想要銷毀，令他們驚恐不已。

她無助下，前來諮詢我的意見，但面對「披著羊皮的狼」的警察行為，我實在沒有什麼更高明的做法。我告訴她，她懷疑警察與對方勾結的直覺應該沒錯，不過，以我處理法律案件的經驗，除非她認識政府高官，否則市井小民對於這種情形，實在無法期待警察或政府機關可以快速解決自己的困境。

最後，我建議她或許可以考慮尋求媒體協助，將她的痛苦遭遇告知媒體朋友。但她顯然不願父母曝光，當我起身送她到電梯口時，見她泛紅的雙眼，滿懷愛莫能助的無奈之感，身為法律工作者的我，竟然想不出辦法，提供她解決之道。

無怪乎《馬太福音》第七章第十五節記載：「你們要防備假先知，他們到你們這裡來，外面披著羊皮，裡面卻是殘暴的狼。」它比真正的狼可怕，因為它讓人誤認為是羊，致使人失去應有的警覺心。

——協助檢察官辦案

警察有時會依檢察官指示，辦理檢察官發交偵查的案件。遇到這類型的案件，警察通常會依照檢察官的來函辦理。由於警察只是站在協辦的立場，他們對於糾紛原委未必瞭解，只能從檢察官提供的資料，調查檢察官指示辦理的事項，所以他們對糾紛雙方沒有成見。他們依法會通知雙方到場製作筆錄，之後再將案件轉回檢察官繼續偵辦。

比之於檢察官及調查局人員的辦案方式，如果你收到警察協助檢察官偵辦的刑事案件通知時，不要有太大的心理壓力，準備好相關文件，到場說明清楚你的立場與處境即可。對於這類型的案件，警察不太會為難你，但你仍應該謹慎面對，不要掉以輕心。

小心因應司法變形蟲

常見媒體報導檢察官說：「證據到哪裡，就辦到哪裡。」乍聽之下很有道理，但是究竟由誰來認定證據到了哪裡呢？如果偵查檢察官、檢察事務官、調查人員和警察的心遭到欲望或名利所蒙蔽，那麼法律賦予他們「偵查祕密」這把權力的大傘，就變成了一把看不見的刀，可以殺了人之後，又以合法的權力外衣，遮掩不法的內在。

國家給了這些公務人員權力，調查犯罪嫌疑人是否涉及不法，但是誰來查明他們是否有不良企圖呢？尤其在祕密偵查的大傘下，刑事訴訟的司法變形蟲不容易檢視和控制，容易隨己意而改變，難以掌握它的變化程度。

面對行使政府公權力的偵查檢察官、檢察事務官、調查局人員和警察，大多數人很難以平常心應對，心情難免起伏，甚至緊張異常。如果你自認無法冷靜下來，最好委請律師到場。畢竟，當事人與律師角色不同，當事人直接遭到偵查，角色難免尷尬；律師只是維護當事人利益，正當行使法律賦予的監督職分。由律師來扮演「衝撞司法變形蟲」的角色，防止它不當變形，是比較妥當的。

刑事審判的現況

與民事審判的法官相同，每位刑事法官每個月都會收到數十起的刑事案件，他們終日面對五花八門的犯罪和形形色色的被告，該如何判斷哪位被告是遭到冤枉，哪位被告真的犯罪？法律規定，被告在被判決有罪之前，都要推定是無罪的。法官是判決被告是否有罪的人，他們理解法律的規定，可是法律無法阻止他們對被告抱持成見。

有位退休的刑事法官提到，他在退休前才體悟到，不要將刑事被告看作是「壞人」，應該把他們視為「不幸的人」。他退休的主要理由，就是感受到判決被告有罪的沉重壓力。尤其，他身為二審庭長，有些二審確定的案件，被告的判刑就告確定。

不同於偵查檢察官只有起訴犯罪嫌疑人的權力，刑事法官握有被告的生殺大權，尤其是死刑判決。刑事法官不是神，他們也有弱點和缺失，這隻司法變形蟲難免會有所變化，如果你不幸必須面對它，要格外用心，及早做好準備。

法官對刑事被告早有定見

如果你看多了描寫社會黑暗的故事，難道不會受到這些故事的影響嗎？刑事法官分到一件新的案件時，擺在他們桌上的文件通常不是只有檢方的起訴書，而是從被告遭刑事偵查開始到起訴的所有文件，這所有文件大多是述說被告的不是。如果你是刑事法官，還沒有開庭訊問被告前，就先看過這些卷宗，難道能夠以「被告未經判決確定有罪前，都應推定為無罪」的心態審理嗎？

為了降低此疑慮，立法院於二〇二〇年通過《國民法官法》，明定依此法審理的刑事案件，檢方移送給刑事法官的文件只有起訴書，不包括被告從偵查開始到起訴的所有資料。刑事法官及參與審理的國民法官只能在未來審理時，經由檢方提出的證據，才能看到起訴被告的其他資料。不過，這樣的審判制度能否因此改變刑事法官對被告的看法，只有刑事法官本人知道了。

無論刑事法官拿到新案件時是否包括所有偵查卷宗，他若能在開庭審理時平心靜氣地聽取被告的陳述，是被告的大幸，但是這不代表他不會帶著「成見」審理被告，被告仍須謹慎與法官互動。至於法官在審判過程中能否細心聆聽被告答辯、辯護律師請求調查證據等等，就涉及不同法官的修養。

如果不幸遭到偵查檢察官起訴時，你的心態不宜繼續停留在對檢察官的不滿，因為他已經起訴你，不再掌控這個案件。你最好將目光轉移到將要審判你的刑事法官，尤其案件移送給刑事法官審理後，已脫離偵查不公開階段，你必須及早閱卷，瞭解即將審判你的法官究竟看到什麼內容；同時，你必須瞭解未來追訴你的公訴檢察官，他們兩位的態度才是決定你未來命運的人。

在前作中，我不斷強調「將心比心」，設身處地思考法官及公訴檢察官看到你的案件卷宗時，會如何解讀你這個人，以及如何解讀起訴書所描述的「犯罪行為」。如果你盡可能跳脫被告的情緒，將更能夠以客觀態度分析案件，就能對症下藥，找出正確的解套方法。

法官的類型與辦案態度

雖然刑事訴訟制度已經從「法官職權調查主義」修正為「改良式的當事人進行主義」，可是不論被告有沒有提出答辯，刑事法官仍要主動調查檢察官起訴的事實是否正確，這與民事法官必須依照訴訟雙方提出的主張做出判決的制度不同。

刑事法官應以起訴書記載的犯罪事實做為審判的基礎，從檢察官起訴的主張出發，合理懷疑被告是否確實涉及不法，爾後聽取被告的法庭辯解，找出是否有無罪的理由，再決定應否否決起訴書內容，判決被告無罪，否則他們就會贊成起訴書的說法，判決被告有罪。

然而，刑事法官終日處理不同犯罪形態的案件，從不小心犯法的過失犯，到無惡不作的故意殺人犯，法官究竟以什麼標準來判斷每位被告有無犯罪？法官也是人，面對是非判斷，各有一套辦案哲學。

——認真辦案型的刑事法官

這類型的法官會用心聽取被告的答辯理由，調查被告請求調查的相關證據，仔細推敲被告有無起訴書所述的犯罪動機。他們內心必定對被告有一定的「看法」，但仍會耐心調查被告提出的事證，以決定是否改變對被告的看法。

他們開庭時不一定和顏悅色，口氣也未必很好，但最後未必會判決被告有罪；相反的，開庭時和顏悅色的法官，也未必就同情被告，更不見得會判決被告無罪。所以，被告在開庭過程中，不要因為法官的態度而影響自己的答辯方針。

有位企業主碰到一位疾言厲色的法官，法官在開庭問話時總是語帶諷刺，不過我相信那只是法官在測試當事人有無說謊。我陪同企業主開庭數次，感受的確不是很好，但我們仍依照既定的原則，按部就班提出請求調查證據和答辯內容。最後，這位法官查明事實真相後，沒有對這位企業主做出不利判決。

遇到認真辦案的法官是被告的福氣，不過，如果被告沒有提出對自己有利的證據或事實主張，法官自然不可能主動還被告清白。所以，刑事訴訟雖然與民事訴訟採取不同制度，但被告為了自己利益，仍須自立自強，為自己的權益奮戰到底，正義不會從天上掉下來的。

──追求利益型的刑事法官

另一種類型的刑事法官，會因為個人利益而犧牲公義。刑事處罰主要涉及人身自由或生存權益，被告為了換取自由或生命，可能會利用人性弱點，以金錢收買法官做出違心判決。因此，刑事法官比其他人更有機會遭到誘惑，而有時有錢確實可使鬼推磨。

法律規定「必須有證據證明被告犯罪」，沒有證據，不可以推定被告犯罪。刑事法官在認定「被告犯罪事實」及取捨相關證據，擁有自由心證的權力，而我國並未採行嚴格的證據法則，自然給了無法堅持理念的刑事法官更多裁量空間。

由於法律設下了許多專業門檻，一般人無法檢視刑事法官判決認定的理由是否正確，使得這類型的法官有了可以動手腳的操作空間。在市場供需的原則下，食髓知味的法官不僅得以生存，而且似乎有劣幣驅逐良幣的可能。

我的啟蒙老師曾擔任高等法院刑事法官，他告訴我：「刑事法官判案要特別謹慎，他們所下的判決可以影響一個人的一生，尤其是在判決一個人有罪時，他多一劃就是多一年，也就是三百六十五個日子。」不論刑事法官有無如此認知，這句話都道出了刑事法官的工作難度。

二〇二二年六月二十五日，媒體報導苗栗地方法院周姓法官辦案不力，曾因處理被告的羈押案違法失職而遭移送監察院，且又爆發曠職風波，甚至未適時處理手中承辦的五十多起保護令相關案件。這位法官的行為確實不可取，但從這起司法人員的個案中，多少反應了刑事法官實際面對的審判工作壓力甚重。

公訴檢察官的辦案態度

過去，刑事被告遭到檢察官起訴後，案件移送刑事法庭審理，被告通常只須面對刑事法官。檢察官雖然應該在刑事法官審理時，到場執行公訴義務，但從來沒有檢察官到場，只有在例外的重大案件才有檢察官蒞庭。檢察官通常會在案件將要結案的最後一次辯論到庭，而且千篇一律表示「請法官依法判決」。檢察官在刑事審判過程只是聊備一格。從訴訟實質作戰上來看，檢察官在刑事審判時，不是被告的敵人，不會造成被告任何訴訟壓力。

二〇〇三年，刑事訴訟制度改變，檢察官必須參與法庭審理活動，且要扮演好起訴被告的原告角色，也要負責舉證被告的犯罪事證。如此一來，加重了檢察官在刑事審判中的舉證責任，也因此設置了公訴檢察官，專門負責刑事審判的原告角色。然而，此修法立意甚佳，卻無法拋下傳統包袱，刑事法官仍有權主動調查所有事證，刑事被告在審判過程中必須面對兩位「敵人」，反而更加不利。

——具有「台灣特色」的公訴制度

為什麼要區分為偵查檢察官和公訴檢察官呢？由於刑事訴訟制度改為「改良式當事人進行主義」，檢察官必須全程參與審判過程，與被告及被告委任律師進行訴訟攻防。但是檢察官過去無須與被告及被告的律師在法庭上正面衝突，面對上述修法，法務部於是將檢察官分為「公訴組」和「偵查組」，前者負責開庭訴訟，後者負責偵查工作。

據說，法務部當時考量檢察官缺乏法庭辯論經驗，可能不是律師的對手，同時想要訓練一批有經驗因應法庭訴訟的公訴部隊；另一方面，他們也擔心參與公訴開庭將影響刑事偵查工作，所以才增設了公訴檢察官，專門參與法院開庭，且每位公訴檢察官都相應配置於各刑事法官的審判庭，凡是同一刑事法官承辦的案件，都由同一公訴檢察官負責公訴職務。

刑事法官與公訴檢察官組成刑事審判的核心，被告一旦遭到起訴，並確立由哪位法官審理後，也就知道追訴他的原告檢察官是誰。刑事法官與公訴檢察官每日朝夕相處，適應彼此的辦案習性，對於被告及被告的律師而言，必須面對兩位「訴訟敵人」，似乎不是立於平等的基礎上，這是獨有的「台灣特色」。

被告一旦上了法庭，要同時注意法官和檢察官的態度，而且要關注法官和檢察官的互動，掌握這隻司法變形蟲的變化情形。當然，無論檢察官的態度積極與否，切記，刑事法官才是審判最終的決定者，你可以向檢察官發洩對偵查的不滿，但一定要審慎回應法官的所有問題。

——為誰而戰，為何而戰？

盡忠職守的公訴檢察官固然用心執行公務，但他們究竟是對誰盡忠呢？如果他們是對國家盡忠，追訴被告的不法行為，但他們並未參與偵查過程，無法掌握案件精髓，如何做到正確追訴被告的工作？尤其，如果他們不贊成偵查檢察官起訴被告的意見，能否「盡忠職守」地執行偵查檢察官的看法？

我曾辦理一件偵查檢察官起訴多名被告的刑事案件，偵查檢察官認定被告利用「人頭」，於是將之起訴，但事後偵查檢察官又將原先被認定為「人頭」的人起訴，強調這名人頭與先前起訴的被告之間是共謀犯罪的共犯！偵查檢察官沒有提出任何新證據，竟然將犯罪意思從「利用人頭」轉變成「二人共犯」，以前後矛盾的理由起訴不同的人。

我相信公訴檢察官也無法說明偵查檢察官起訴的矛盾理由，但因為案件已經在刑事法官審理中，也沒有再繼續調查其他事實。公訴檢察官究竟應該依照什麼標準辦案呢？事實上，承辦這個案件的公訴檢察官從法院開始審理到做出判決的兩年間，沒有提出任何說明，而刑事法官也沒有為難他。

這個案件最後是判決兩位被告無罪，所以不用再追究此項矛盾理由。不過，究竟是「共謀犯罪」，還是「一個人利用另一個不知情的人為人頭而犯罪」，這不只是刑事法律問題，就連一般人也知道兩者不同。難道偵查檢察官對法律的理解獨到精深，就連一般經驗法則都會有不同的法律解釋嗎？無怪乎我們的司法難以受到一般人的尊重，這隻司法變形蟲確實不易掌握。

《刑事訴訟法》有檢察官可以撤回起訴的規定，但實務上，被告遭起訴前後是由不同檢察官辦理，如果公訴檢察官與偵查檢察官看法不同，究竟誰有權或有責任將案件撤回？以我的經驗，似乎不曾聽過有如此擔當的檢察官。

——公訴檢察官的「進」與「退」

修正《刑事訴訟法》的目的是：一方面增加公訴檢察官的責任；一方面保護被告無須像過去一樣，證明自己沒有罪。但由於刑事法官仍有權主動調查，所以即使公訴檢察官沒有盡到舉證責任，刑事法官仍有權力介入調查，也可以更正偵查檢察官起訴的錯誤。新修正的制度反而加重了刑事法官的責任。

新制度從二〇〇三年實施後，實務上的情形是：倘若偵查檢察官起訴的事證不足或事證錯誤，因刑事法官必須調查所有事證，並進行案件的收尾工作，於是給了公訴檢察官「進可攻，退可守」的機會。

所謂「進」，就是如果他們想要盡忠職守時，可以在偵查檢察官起訴的基礎下，繼續提出對被告不利的事證，再度說明被告的犯罪行為，被告在刑事審判中多了一位敵人，這個敵人會補充偵查檢察官不足的起訴理由和事證。所以，被告不僅要注意法官的態度，也要注意檢察官的態度。

如果公訴檢察官選擇「退」，他們大可直接引用偵查檢察官的起訴書和卷宗文件，在法庭上表示：「對被告的追訴，引用所有卷宗資料。」如此一來，他們就可以將舉證被告有罪的重擔交給刑事法官，接下來只要靜靜坐在法庭中韜光養晦了。

每位公訴檢察官的個性不同，自然影響他們在法庭上的進或退。生性認真或力圖表現的公訴檢察官，自然不會成為法庭中的花瓶，他們必定是被告不可忽視的法庭敵人；生性平和或與世無爭的公訴檢察官，通常會選擇靜靜坐著，被告遇到這類型的公訴檢察官，等於少了一位法庭敵人。

一位旁觀者的感受

有位企業的法務主管陪同遭到起訴的朋友出席刑事審判庭後，慶幸地表示還好自己沒有從事訴訟實務工作。她一針見血地說道，整個刑事審判中，只有她朋友的委任律師用心地執行律師工作，其他人的心都生鏽了。我聽後不禁拍案叫絕，這句話道出我寫這本書的一個目的。

她進一步描述，在刑事審判的最後一次辯論庭中，坐在中間的主審法官只是依例唸著法律要求主審法官在訴訟程序應該履行的義務；而公訴檢察官同樣唸著請法官依法判決的制式語，檢察官甚至脫下高跟鞋，一邊以扇子搧著她的腳，一邊行使她的公訴檢察官職務。這位法務主管再次強調：「這些法律人的心都生鏽了。」

她提到一本日本漫畫《王牌酒保》。該漫畫主角「神之杯先生」是一名用心的調酒師，不只表現高超的調酒技術，同時強調：「當客人一進門時，就要看到而且知道客人心理，這樣才能調出客人想要喝的酒。」他因此獲得許多客人喜愛，生意自然很好。

這位企業法務主管對法院生態的評論，就是我執業律師以來，每日面對的司法生態中的一小部分。她提到了法庭中的一些對話：主審法官依法訊問被告對卷宗內的所有文件有無看法時，她朋友回答：「法官，你說什麼，我不知道，我從來沒有看過什麼文件。」經過幾次雞同鴨講後，法庭主角們終於有了默契，主審法官繼續依例訊問被告，被告經過律師提醒後，對主審法官之後的問題就改口回答：「如前所述。」而公訴檢察官也依例回答：「沒意見。」庭訊因此變得很順利，大夥兒很快開完這一庭。不論未來判決結果是什麼，可以肯定的是，最後一次的開庭不會改變法官已經決定的結果。

交互詰問制度的實際操作

所謂「交互詰問」，是指證人須接受訴訟雙方詰問，也就是要接受公訴檢察官和被告的詰問，但被告通常不瞭解專業規定，多是委由辯護律師詰問證人。

這套詰問證人的遊戲規則，主要由訴訟雙方來回四次詢問證人，法律專業用語稱為「主詰問」、「反詰問」、「覆主詰問」及「覆反詰問」。訴訟雙方原則上會以對自己有利的角度去詰問證人，他們會提出一連串問題詢問證人，不論案件複雜程度如何，詰問一位證人的時間，快則二十分鐘，慢則耗時數日。有位刑事退休法官說：「交互詰問制度容易使小案大辦，浪費時間與審判資源，徒增刑事法官不必要的困擾。」

訴訟雙方詰問的問題不可以違反法律所定的提問原則，否則對方可以提出「異議」，此時，刑事法官就須針對異議請求，立即決定詰問的一方可否繼續詢問遭到異議的問題。一旦刑事法官做出「駁回異議」的決定，詰問方就可以繼續詰問；相反的，刑事法官如果做出「異議成立」的決定，詰問方就必須改變問題，或是提問另一項問題。

——「掛羊頭，賣狗肉」的刑事訴訟制度

這套詰問制度主要參考英美刑事訴訟制度而來。然而，這套制度移植到我國以後，猶如戰國時期晏子回答楚王的：「橘生淮南則為橘，生於淮北則為枳。」事實上，我們的刑事訴訟制度主要是採用大陸法系的訴訟精神，由刑事法官負責調查被

告是否有罪，他們不是立於中立第三者的「聽訟」角色，而且早期的檢察官也沒有全程參與刑事審判過程。

當刑事訴訟引進這套英美制度時，立法者不敢將刑事法官主動調查證據的既有權力廢除，仍舊保留大陸法系所採行的刑事法官具有主動調查證據的權力，法官進而可以主動訊問證人，甚至可以介入訴訟雙方詰問證人的程序，完全不符英美制度交互詰問證人的基本精神。

司法實務中，公訴檢察官未必能真正負起舉證被告犯罪的責任，他們無論積極或消極追訴被告或詰問證人，法官都負有調查被告是否有罪的責任，法官或許根本不需要公訴檢察官太過積極詰問證人，以免耽誤已擬好的開庭計畫和開庭時間。所以，實際運作上，被告及被告律師的主要溝通對象仍是刑事法官，法官似乎仍與被告對立，而不是公正的第三方。

記得我首次參與新制度上路後的刑事辯護案件時，公訴檢察官立即前來與我協商，他首先示好地表示，他不會在開庭時遵循交互詰問制度的規定實施公訴，他也期待我以相同方式進行。他的舉動雖然出乎我意料，我仍是半信半疑地接受，但事後開庭才知道，刑事法官未必認同訴訟雙方私下協商如何進行證人交互詰問。

引進這套英美制度的本意，似乎認為「西方的月亮比較圓」，他們以為這套制度可以比較周全地保護刑事被告。不過，這套制度實施至今，刑事被告增加了許多開庭時間和成本，而律師也因為刑事審判歷時太過冗長，或是沒有意願承接刑事案件，或是提高酬金，使法律服務有了貴族化的疑慮，造成被告無法獲得訴訟權益保障。究竟是保護了被告的權益，還是賠上了被告的利益，值得探究。

——交互詰問會改變法官的看法嗎？

交互詰問制度在英美的實際運作中，主要由經驗豐富的訴訟律師帶領年輕律師學習，經過多年法庭實務見習後，才能正式擔起交互詰問的重任。而美國檢察官和法官主要是從經驗豐富且表現優秀的律師中挑選出來，他們必定是交互詰問的訴訟老將，對這套行之有年的制度算是駕輕就熟。

反觀我們，或許新的制度實施總有陣痛期，如果沒有熟練這套制度的人指導，制度就無法正確實施。刑事法官的審判責任並未獲得減輕，反而因為新制度實施，要承擔公訴檢察官沒有積極追訴被告的責任。同時，他們還要承受判決被告有罪與否的壓力。將心比心，他們必然會選擇自己容易上手的審判方式，來因應每日面對的被告和案件。

因此，法官對每位被告所做出的判決，究竟有多少程度是來自交互詰問的結果呢？固然，每位法官的審判心理不同，無法由科學數據提出檢驗。不過試想，如果他們認為交互詰問沒有效率，還會耐心聆聽訴訟雙方詰問證人的內容嗎？根據我開庭的經驗，合議的刑事法官常在訴訟雙方交互詰問證人時，交頭接耳地說話，不知是討論案件內容，還是證人的可信度，或是其他無關案件的事。

另一方面，法官既然有權訊問所有證人，如果交互詰問證人時，沒有問到他們想瞭解的事實，他們也可以主動介入訊問證人，那麼訴訟雙方提出來的問題，刑事法官究竟有多少興趣聆聽？不論有無實施交互詰問，法官都有權調查他們想訊問的證人或證據，他們會因為實施交互詰問制度所取得的相關資訊，而改變對被告的看法嗎？

而且，法官明知被告請求詰問的證人，大多是想證明被告無罪的有利證人，如果被告的證人與詰問者對答如流，法官難道看不出其中蹊蹺？尤其，他們可以隨時介入詰問證人，必然能夠拆穿證詞的真實性。而公訴檢察官與法官長期合作，雙方建立辦案默契，檢察官無須浪費太多時間實施詰問，盡可能保留時間給法官直接訊問證人，不僅省時間，也有效率，皆大歡喜，何樂不為呢？

總之，刑事被告在審判中，唯一的目的就是要改變法官對他們的看法，所採取的訴訟操作手法都是權衡利弊後，最有效的方式。如果交互詰問證人是改變刑事法官看法的最有效方式，被告當然毫不考慮地應該進行，但是，它真能改變刑事法官的看法嗎？被告還是要審慎考慮與推敲。

我承辦過一位企業主的刑事官司，由於沒有其他有利的證據可以提出，我於是決定主動出擊，請求傳訊可能對這位企業主不利的證人出庭進行交互詰問。這位證人是會計師，我想由證人的專業會計師看法，以及她實際參與企業的會計工作中，找出對企業主有利的證詞，當然，我的問題可能涉及這位會計師的簽證責任。

審理這個案件的審判長原本不知我的計畫，於是同意我的請求，通知會計師到庭作證。當交互詰問開始後，我先從會計師的背景、她所從事的會計工作和她實際參與查核企業當時的財務情形入手。當我要切入核心問題，而且可能危及證人身為會計師的責任時，公訴檢察官沒有提出異議，法官卻突然禁止我繼續詰問相關問題。

從法官有權介入訴訟雙方詰問證人的角度而言，他的做法似乎沒有問題。但是站在公訴檢察官代表原告的角度來看，原告都沒有提出異議了，法官似乎有越權的嫌疑。顯然，在這個案例中，法官知道會計師或許有專業疏失，企業主確有冤屈，但他不想擴大事端，更不願意調查真相。

——殘害被告的制度

交互詰問制度似乎給予訴訟雙方平等詰問證人的機會，但實際上，公訴檢察官與刑事法官同是通過司法官考試選拔出來的，只因為個人際遇或機會，事後有了職務區別，而且公訴檢察官與刑事法官相互搭配辦理刑事案件，朝夕相處，產生革命情感。因此，檢察官在詰問證人時，自然會得到法官些許照顧或體諒，但被告和律師就不可能得到如此的關愛。

其次，被告的律師如果在交互詰問中，依法多次對公訴檢察官所提問題提出異議，致使法官時常要處理程序事項，拖延開庭時程，法官還會心平氣和地看待被告嗎？相對的，刑事法官有權介入詰問程序，對於被告律師提出不合法的問題，無須等到公訴檢察官提出異議，就可以主動介入。這項制度究竟是保護被告人權？還是使被告在審判中的地位更加不利？

從被告的角度而言，如果想要傳訊有利的證人，在順利詰問完證人後，即使檢察官沒有問題，刑事法官仍可主動訊問，所以，這個證人必須經得起法官的問題考驗，甚至是語帶威脅的口氣；如果證人無法抵擋心中的恐懼，做出不利被告的證詞，反而成為對被告不利的證明。

相反的，如果被告想要傳訊對他不利的證人，他必須從問題中，套出證人的矛盾證詞。當然，檢察官和法官有可能因此跳出來解救證人，進一步提出其他問題，以解救證人先前的矛盾證詞。被告究竟可以從不利的證人身上獲得什麼好處，要仔細評估。

如果證人可以證明被告確實遭受冤屈，即使沒有交互詰問制度，在過去的刑事審判中，被告也可以要求法官傳訊證人到場，接受訊問，無須透過冗長的交互詰問制度來達到翻案的目的。有了交互詰問制度，被告一定要謹慎評估證人作證的能力，不要一廂情願地以為證人可以「為你說話」，不要忘了，法庭中有兩位「專業法律敵人」，而且他們握有公權力。

修正刑事訴訟制度的原意是要保護被告人權，同時加重公訴檢察官的追訴責任，並引進交互詰問制度。然而，由於沒有顧及傳統刑事訴訟制度及司法實務的包袱，無形中反而加重刑事被告在審判中的負擔，恐造成正義難以伸張的遺憾。

訴訟實例

CASE 1 面對保守的司法變形蟲，要自立自強，絕不放棄

面對刑事偵查採祕密進行的不明情勢，要小心因應司法變形蟲的態度。如果不幸聘請到不好的律師辦理時，你只能自立自強。一位遭到檢察官調查的年輕人，展現了勇敢冷靜的態度，在司法變形蟲的保守心態下，仍為自身爭取最大利益。可見，法律絕對不是只有保護懂法律的人，不要害怕法律！

我曾遇過一位遭到檢方起訴違反《證券交易法》的年輕人。他不滿地表示，檢察官因為他父親突然過世，於是將他和他弟弟一同起訴，並具體求刑十多年。

原來，他父親在世時，將經營多年的家族企業賣給他人，沒想到買主起了不法之心，將公司資產不當運用，導致公司營運不善，遭到金管會調查並移送檢察署偵辦。這位年輕人掛名為公司負責人，他弟弟則掛名為公司總經理，但父親才是實際負責經營之人，而且主導出賣公司股份的交易。

事實上，這家公司後來經營不善是因為買主有不法居心，與賣方家庭沒有關

聯，而兩個兒子過去雖然分別掛名公司負責人，但他們聽命於父親辦理買賣交易事宜，不知交易詳情。由於這家公司是上櫃公司，基於保護投資大眾的立場，金管會自然會加以關切。

理論上，他們出賣股份後，與這家公司已沒有關聯，但是檢察官追查交易紀錄及資金流向，認為他們與買主有關，因此將父子三人列為嫌疑人調查。沒想到，他父親突然過世，原本無法查明相關證據的檢察官也突然釐清案情，將他和弟弟一同起訴十多年的重刑。他原本的大好前程也因此蒙上陰影。

幸好他是一位樂觀的人，仍然微笑面對刑事三審訴訟。聽他描述檢察官的偵查過程，他似乎與其他刑事被告一樣，都遭遇檢方不願意細聽他們說明的困擾，自然更不會採信他們提出的辯解理由。他批評檢察官以預設的主觀立場辦案，苦笑面對遭到限制出境的處分，以及不知如何計畫未來的無奈。

這個案件涉及公司及金融等專業法規，只有少數法院的檢察署設有專門偵查此類案件的檢察官，而這家企業位於中部地區，該地區檢察署沒有偵辦此類案件的專業檢察官，在沒有金融專業知識及不瞭解金融實務下，檢察官不容易分辨嫌疑人提出的辯解，司法變形蟲當然會找到適合的生存方式，也就是依照金管會的移送內容，起訴相關被告。

「寧可冤枉好人，也不可錯放一人」似乎是辦案檢察官的心態。畢竟，檢察官只有起訴被告的權力，即使冤枉好人而將他起訴，也有三審的法院來把關。如果錯放一人，又有其他被害人因此遭到傷害，這個檢察官必然會遭到輿論撻伐。站在個人的角度，可以理解這種做法；但從他所擔任的工作角色，似乎就有檢討空間。

閱讀檢察官的起訴書，我本以為這位年輕人沒救了，但看過他提供在偵查期間所提出的答辯書，我有了比較樂觀的看法。他可以在未來的審判中，針對早已提出的書狀內容，請求法官詳細調查，而且可以強調偵查檢察官沒有查明他提出的理由，草率將他起訴。

諷刺的是，這份書狀竟然不是出於他的委任律師之手，反而是他自己在偵查期間「自力救濟」的結果。沒想到，他年紀輕輕就有正確面對刑事偵查的態度。可見，一般人只要用心，依循常理判斷，發揮天助自助的精神，仍然大有可為。

這位年輕人遇到一位只求一份薪水的檢察官，從人性角度而言，檢察官在不知如何偵辦涉及金融專業的案件下，以最保守的態度將他起訴。這隻司法變形蟲雖然不是因為金錢而變形，但這位年輕人因為司法變形蟲的保守，將黃金歲月都浪費在法院了。然而，從他能在偵查期間提出有利的答辯主張看來，我樂觀地看待他能夠走出司法變形蟲的陰霾。

訴訟實例

CASE 2 沒有正確的出庭態度，造成司法變形蟲變形

檢察官偵辦犯罪是在履行職責，遭到調查的嫌疑人不宜有先入為主的偏見。嫌疑人最好用心瞭解檢察官的調查方向，協助檢察官完成工作職責，才是對自己有利的做法。唯有盡可能將他們視為朋友，協助他們還原真相，他們才不會任意起訴你，司法變形蟲也才不會無理由地變形。

我曾接到一位外國客戶來電，請求協助處理他無法親自來台作證的案件。檢察官調查一家遭到掏空的公司，要求這位外國客戶來台說明這家企業的海外投資情形。在確認不是被列為刑事被告後，我認為他來台作證不是本案重點，而是想請他出庭作證的被告，才是本案的重要關鍵。

根據這位外國客戶的說法，我直覺認為被告顯然沒有正確回應檢察官的調查內容，所以才異想天開地以為請求檢察官傳訊這位外國證人，就可以澄清他並沒有涉入不法掏空。事後，這位遭到檢察官調查的企業主找上我，他雖然侃侃而談面臨調查的

事件原委，但只是一廂情願地表達自己的想法，完全沒有理解檢察官調查的重點。

他或許認為檢察官不懂金融專業，所以不屑與之溝通，也或許認為檢察官故意找碴，視他為敵人。顯然他與檢察官是雞同鴨講，沒有做好訴訟溝通的基本要求。果然，當我要求查閱他在過去一年多的偵查期間所提出的書狀時，他竟然只提出兩份內容非常簡略的答辯狀，而且無法從書狀瞭解他的答辯理由。可以想見，他與檢察官之間的鴻溝愈來愈深，而他忽略了檢察官握有他的生殺大權。

他以如此態度面對調查，只有兩種可能理由：一是他錯誤相信司法變形蟲應該公正無私，只要他保持坦蕩蕩的態度，檢察官會主動還他清白；一是他不知道司法變形蟲會隨時變形，沒有謹慎處理自己面臨的法律風暴。無論他的內心是怎麼想的，他必須因此承擔一切可能的不利後果。這是我首次與他見面，給他的提醒。

這位企業主很快接受我的建議，針對他遲遲沒有回應檢察官的多份來函，他同意我立即草擬回覆書狀。在接手案件的三個月中，我積極處理檢察官過去發函詢問的問題；同時，當事人與我密集開會，根據他對於開庭內容的片段記憶，試圖勾勒出檢察官的調查重點，也一同架構他接手公司經營的前因後果，說明他接手經營的困難和不得已的做法，期使檢察官瞭解他沒有不法掏空的意圖。

我提出三十餘頁的書狀，目的有二：使檢察官瞭解這位企業主的無奈，以爭取獲得不起訴處分；萬一不幸遭到起訴，也有一個堅固的立場。之後，我改變他過去的被動做法，主動向檢察官表達配合說明的態度。我的理由很簡單：

一、這位企業主過去沒有正確回應檢察官的調查，檢察官對他的主觀印象一定不好，我希望我的主動回應，可以改變檢察官先前對他的不良印象。

二、其他共同被告為維護自身利益，必然會提出似是而非的說詞，可能不利於這位企業主。我的主動回應或許無法全面防堵他們，但至少可以減少積非成是的可能。

三、如果不幸遭到起訴，這位企業主在偵查中提出的理由，以及檢察官沒有依照我方請求調查有利被告的事證，就可以理直氣壯地請求法院調查，這是「打預防針」的動作。

之後我陪同這位企業主出庭時，已感覺到檢察官必會將他起訴，但我仍不放棄地前後提出二十五份書狀，約計數百頁。檢察官明顯在架構起訴這位企業主的相關事證；甚至，在結案前的密集開庭中，檢方竟然容許沒有列名在開庭紀錄表上的人員自由進出偵查庭，並且直接走到他的調查桌前提呈資料。

這種場景是我從來沒有見過的，可以清楚感受到司法變形蟲的變化。等到案件因起訴而移到法院，我得以閱讀過去檢察官的偵查動作，令我訝異的是，檢察官竟然傳訊一位不願入境來台的證人，他只在桃園機場的境外大廳接受檢察官訊問，而且證詞全然都在指控這位企業主，但檢察官不僅沒有安排雙方對質，更沒有要求這位企業主說明，就直接將之起訴。司法變形蟲享有為所欲為的公權力！

訴訟實例

CASE 3

積極回應法院審理，防止司法變形蟲變形

不論你有多少冤屈，面對檢察官起訴的事實，一定要靜下心，仔細閱讀檢察官的起訴書，思考如何突破檢察官的錯誤看法，具體提出起訴書錯誤認定的事實及證據。你不可以逃避這項工作，因為沒有人比你更瞭解事實。具體挑出起訴書的錯誤，可以防止法官根據起訴書，將你視為罪大惡極的被告。你的積極動作與態度，可以防止司法變形蟲變形。

大部分遭到起訴的刑事被告都有一肚子的冤屈，常常抱怨檢察官沒有調查清楚，就隨意起訴。不論他們的抱怨是否屬實，還是必須接受遭到起訴的事實。唯一能做的就是，不要重蹈偵查中的覆轍，思考如何要求法院查明相關事實。

首先，被告必須細讀檢察官的起訴書內容，並且一一指出檢察官起訴錯誤的地方，同時思考如何撥亂反正，要提出什麼證據證明自己的清白。針對上述企業主的刑事案件，我接手時已無法改變檢察官的看法，所以必須在起訴後，立即整理出面

對法院的具體做法。

由於我成功在偵查的最後階段提出許多書狀，說明企業主的無奈與冤屈，而且我已經清楚掌握本案的事實真相。我快速地整理出檢方沒有調查的重點，以及起訴書的錯誤內容，並且具體請求法院調查對這位企業主有利的重點，同時攻擊檢方不當取證及起訴，藉以打破法官以檢察官起訴書為審理本案切入點的風險，防止司法變形蟲變形。

針對檢察官在桃園機場境外大廳訊問證人的問題，自然是我在法庭上的攻擊重點，法官當庭表示檢察官此部分的起訴確實有問題。而我方從法院首次開庭就強力要求法院傳訊這名證人到場，並接受交互詰問，但這個案件從法院開始調查到辯論終結，這位證人始終沒有出現。

由於共同被告享有公司經營權，對這位企業主有利的相關證人不願出面，因為他們為了保住工作，不敢說出真話，而檢察官起訴的證據大多是公司經營者提供的資料或證人，他們聽命於公司經營者，必然會打擊這位企業主，可以想見他們的證詞不利於我的當事人。我在法院審理時，只能以「不入虎穴焉得虎子」的方式，以尖銳問題凸顯證人證詞的矛盾，並打破檢察官的起訴基礎。

為了重新營造我方當事人在刑事審判中的形象，我以偵查期間的書狀為基礎，鍥而不捨再提出書狀，共寫了近三十份書狀，約有七、八百頁。雖然法官開庭期間沒有給我方當事人好臉色看，但這位當事人有堅強的耐性，不僅沒有動搖立場，偶爾也會與法官針鋒相對，他似乎體悟到要積極奮戰，才能為自己爭到正義。

經過五年多的審理，一審法院終於做出判決，比之於同樣遭到起訴的共同被告，這位企業主的刑期比較輕。回顧檢察官起訴兩位前後任經營者時，他要求另一位共同被告以五百萬元交保，而且沒有具體求刑；但對於我方當事人則要求以兩千萬元交保，而且具體求處重刑。經過法院審理後，法官總算導正檢察官的偏見。

根據訴訟制度的設計，刑事法官與偵查檢察官的功能與角色固然不同，但要求他們用心辦案的標準是相同的。這位企業主不幸接手經營一家滿目瘡痍的公司，他固然有重振公司的心，卻因此陷入法律風暴。他沒有留心每件棘手的事情，更沒有體認到現今社會貪婪的風氣及司法變形蟲的可怕變形，導致他涉入這場訴訟深淵，不幸成為階下囚，付出慘痛代價。

訴訟實例

CASE 4

忍耐與堅持抗拒有心人操弄司法變形蟲

檢察官依職責偵查犯罪，但是如果遭到有心人士利用，司法變形蟲成為有心人打擊對手的工具時，你必須以忍耐與堅持的態度，面對偵查行動，聘請有能力的律師，做為支持你堅持到底的重要支柱。唯有相信「公義必然戰勝邪惡」，才能在希望中獲得平反。

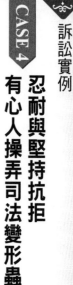

我曾承辦一件涉及企業股東糾紛的刑事案件。這家企業的主要股東成員只有三人，當我接手這個案件時，其中一位股東已經過世。剩下的兩位主要股東中，一位股東先下手對另一位股東提出刑事告訴，而我的當事人就是那個被告。在相互爭執且各說各話下，檢察官依照一方告訴人的說詞，偵辦另一位被告股東。

事實上，不論股東糾紛的真正原因是什麼，在雙方無法解決歧見時，自認委屈的一方常會提出訴訟，企圖透過法律手段達到談判和解的目的，而刑事處罰涉及人身自由，是一般公認最有效也最能達到目的的手段。所以，股東糾紛事件只要一方取得可以控告對方「刑事罪名」的理由，先出手通常可以取得較有利的制高點。這件股東糾紛就是典型的此類案件。

我接手當時已是偵查末期，當事人似乎知道他們處於不利地位，而且預知檢察官必然會將他起訴。我聽著當事人描述檢察官過去的調查原委：他首次出庭接受調查時，表明願意提供檢方要求的資料，但在第二次出庭時，檢察官竟然當場限制他出境，由於這家企業主要從事海外業務，當事人時常需要出國接洽，限制出境是很嚴重的阻礙。

這位企業主進一步提到，對方早已在海外提出解散海外公司的訴訟，海外法院當時要求他必須提出海外公司的相關資料，他同時整理海內外公司資料，準備面對國內外的訴訟。雖然面臨雙重壓力，但同仁仍日夜準備文件，以期在檢方第三次開庭時提出。沒想到就在開庭前一天，檢方竟然搜索公司，將他們準備在隔天開庭提出的資料全部搜走，讓他不知所措，更使得準備向海外法院提出的資料無法如期提出。

我事後閱卷看到檢方當初搜索的資料，覺得內容有些奇怪。不過，依據當事人描述的情景，配合我個人過去的辦案經驗，我們懷疑司法變形蟲已遭利用，因此我也不得不提高警覺。由於其中一位股東已經過世，加上大部分資料已遭檢方扣押，我只能從當事人提供的片段資料和口頭描述中，試圖勾勒出檢方調查的重點。

當事人表示企業經營決策是由三位股東共同決定，但日常執行工作是由已過世的股東處理，並由他協助辦理。對方因此將自己撇清為沒有涉入公司事務的股東，強調自己不知道公司決策，並因此控告其他兩位股東涉嫌侵占公司資金，而且在海外請求清算雙方共同設立的海外公司。

我初步掌握案情，再細讀當事人過去提出的書狀，發現他之前聘請的律師並沒有正確回應檢察官調查的內容。我告訴他，之前律師提出的答辯內容與檢方想要瞭解的內容差距很大，答辯內容沒有主軸。

於是我寫的答辯狀內容包括四大重點：解釋整起股東糾紛事件的過程、說明對方提告原委、強調對方參與公司經營與決策，以及還原雙方過去努力經營的成果。答辯狀共計二十一頁，之後又再提出另一份書狀，補充說明檢察官過去詢問的各項問題。但檢方沒有細讀我的書狀，就起訴了當事人。

訴訟實例 CASE 5

靈活運用訴訟手法，與司法變形蟲溝通

檢察官與法官各司其職，但他們是人，不是神，不要因為他們的職務，僵化了自己的思維，失去對事理判斷的能力。記住，訴訟只是一套遊戲規則，沒有什麼高深的專業知識，只要依照人情事理、經驗法則，以誠實良善的待人接物準則，與司法變形蟲溝通，就可以走過刑事訴訟泥沼。

我接手上述案件後的一個月內，檢察官就將我的當事人提起公訴。我事後閱卷得知，檢察官的起訴書幾乎都是抄襲對方提告的書狀，他只依照告訴人的說法，虛構一個犯罪事實，抄襲告訴人無端指訴的內容，明顯是告訴人的「打手」。

由於起訴書主要抄襲告訴人的書狀，而且是斷章取義，因此起訴書所述的犯罪事實毫無邏輯，甚至相關的人、事、時、地、物完全張冠李戴，我方難以針對起訴內容做整體的反駁。如果以書狀澄清說明，可能需要數百頁的內容，才有辦法將起訴書所提到十五年間的股東利益糾葛，一一澄清。

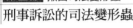

其次，由於公司過去經營決策沒有充足的書面紀錄，都是由三位股東口頭同意就執行辦理，而且在公司沒有賺錢下，對方實在沒有質疑的理由；同時，另一位股東已不幸過世，許多事情淪為兩方的口頭爭執。對方因為過去曾參與經營，知道如何切入我方弱點。在雙方訴訟地位明顯不平等下，我思考如何重新建構有利於當事人的角度。

最後，我決定主動與公訴檢察官聯絡，我的理由完全立基在人情事理上：

一、既然起訴書內容沒有人看得懂，我相信公訴檢察官一定也看不懂。我想藉由協助他瞭解起訴內容的同時，一方面澄清起訴書的錯誤，一方面也說明正確的事實。

二、協助公訴檢察官整理事實，就是協助法官審理本案件。理由無他，我相信法官也看不懂起訴書的內容，他必定將責任推給公訴檢察官，同時會請教公訴檢察官的意見。

三、透過公訴檢察官這個溝通窗口，可以使案件審理更有效，加速法官的審理速度，協助當事人在面對訴訟與事業經營之間取得平衡，維持公司的正常營運。

這種突破傳統的辦案方式，也是出於無奈下的創舉，雖然共同辯護的律師與當事人未必贊同，但這似乎是唯一而且是最有效率的方法。當然，這個案件更換過三位公訴檢察官，這三位檢察官也不是都同意與我會面，而我也尊重他們的行事風格，只要他們同意與我見面，我從不放棄任何機會。畢竟，為了避免浪費司法資源，只要做事坦蕩，自然無須以不必要的框架限制自己的思維與辦案手法。

同時，我依照公訴檢察官的要求，一一指出起訴書的錯誤，並且從人、事、時、地、物等方面列表說明，尤其針對張冠李戴的錯誤事實，做點對點的澄清。至於他們之間口頭協議沒有說清楚的事情，我只能引用其他文件，間接說明對方提告的不合理之處。畢竟有關股東之間過去的恩怨，以及整件事情的來龍去脈，已經沒有人能說得清楚了。

我之後的答辯書狀，主要陳明三位股東過去投資與慘澹經營的事實。他們將原本荒蕪的沼澤土地，發展成今日的黃金商城，是化腐朽為神奇的經營成果。但在雙方辛苦努力並開花結果時，卻不幸發生股東糾紛。我將荒蕪土地、開墾過程和高樓林立的繁華容景等照片對比，提供法官和公訴檢察官瞭解企業經營成果，使他們可以理解本案的糾紛背景。

我的努力沒有白費，公訴檢察官曾私下表示，如果這個案件最初由她承辦，她應該不會起訴；而法官也沒有堅持要求年事已高的當事人必須每次到庭。不過，我方當事人不幸在案件審理期間過世，案件也因被告過世而結束。回顧過去的努力，我雖然無法取得法官的無罪判決，但當事人家屬及這個企業的所有同仁，總算可以恢復平靜生活。

司法變形蟲雖然曾經遭到有心人的利用，但只要掌握人情事理，盡力與司法變形蟲溝通，司法變形蟲不至於會不斷變化。回顧處理這個案件的過程，實在承擔不小壓力，但眼看這家企業總算可以正常營運，才覺得努力有了收穫。

行政訴訟的司法變形蟲

行政訴訟主要是解決政府的行政作為引發與人民之間的糾紛。早期，行政訴訟沒有法院開庭審理的機會，通常向行政機關的上兩級機構提出「訴願」和「再訴願」，之後就向最高行政法院提出上訴，由最高行政法院進行書面審判。《行政訴訟法》修正後，將行政訴訟程序改為一次「訴願」審理，之後允許敗訴的一方提出法院訴訟，由高等行政法院開庭審理，爾後再上訴到最高行政法院。

行政訴訟程序雖然從過去的兩次行政機關審理和一次法院審理的救濟機制，改為一次行政機關審理和兩次法院審理的救濟方式，並因此設立高等行政法院，而且培養了專門處理行政訴訟的法官。然而，由於行政訴訟涉及政府公權力，訴訟雙方的地位本來就不平等，從實際統計數字以觀，人民勝訴的機會不高。行政訴訟這隻變形蟲傾向朝政府機關靠攏，它往往保守且不太容易變化，人們反而期待它能夠更有作為。

行政訴訟變形蟲成員

行政訴訟主要包括「訴願審理」和「法院審理」兩部分。前者的參與者主要是行政機關的**訴願委員**。後者就包括了**行政法官**、**書記官**、**通譯**和**訴訟雙方**或他們委託的**訴訟代理人**。

由於訴訟雙方分別是人民與做出處分的政府機關，政府機關享有行政裁量權，雖然雙方的法庭座位立於相同高度，但實際的訴訟地位並不平等。也因此，這隻司法變形蟲本身比較容易往政府機關的一方傾斜。

訴願審理的成員

訴願委員會

行政機關內部設置的訴願委員會，是訴願審理的主要機關。這個機關的主要成員是由行政機關聘請所謂專業人士組成。訴願審理原則上採書面審理，而訴願決定書常列出十幾位委員的名字，不過大部分的委員只是陪同列名，沒有實質參與審理，而是由少數幾位做成決定。

具體訴願案件的決定者不論是何人，他們都是行政機關聘請的專業人士，將心比心，他們的思考及決定自然容易傾向政府機關，只有極小部分是有利於人民。所以，這隻司法變形蟲不太會變，因為它似乎早已經選好邊了。

訴訟雙方

訴願的雙方主要是「受到行政處分影響的人民」和「做出行政處分的行政機關」。由於訴願審理採行書面方式，訴訟雙方不會見面。人民即使要求到場說明，也只是由訴願委員會中的一名委員出面，聽取一方的說明；訴願委員通常不會要求雙方同時到場。

因此，如果與政府機關發生行政糾紛並提出訴願請求時，一般人無法知悉行政機關與訴願委員之間的互動情形，只能以電話瞭解進度。訴願決定完全是行政機關的黑箱作業，訴訟雙方處於不平等的地位。

法院審理的成員

行政法官

行政法官是行政訴訟的靈魂人物，由他決定訴訟雙方的是非。由於行政訴訟的第一審在行政機關，第二審才由行政法院審理，所以法庭審理是由三位法官組成合議庭，類似民事訴訟的第二審。至於行政訴訟第三審也與民事訴訟第三審的情形相同，由五位法官組成合議庭審理，原則採書面審理，當事人沒有機會與法官互動。

與民事法庭的合議制相同，行政法院的合議制由三位法官一同討論，形成決定。不過，法庭審理通常先由一位受命法官出面調查，等到最後一次開庭時，才由三位法官出面進行言詞辯論庭，但案件勝負通常早已由受命法官或審判長決定，三位法官出庭只是為了踐行法律規定。

由於案件通常由受命法官審理及決定，所以你要注意這位法官的開庭反應。不要以為開庭對你客氣的法官，就會做出對你有利的判決，事實常常相反，他們判決行政機關勝訴的機會較大。這隻司法變形蟲似乎比較難轉向人民，如果他們轉向了人民，那可算是人民的大福氣。

書記官

與民、刑事書記官相同，行政法庭的書記官是記錄開庭過程的人。他們坐在行政法官的右前方，桌面高度與訴訟雙方的桌子高度相同，所以法官開庭時，不易與書記官溝通。但訴訟雙方的座位前都有電腦螢幕同步呈現書記官的記錄內容，訴訟雙方可以隨時監看並要求書記官更正紀錄。

行政訴訟的書記官主要是協助法官整理訴訟文件，不像民事法庭的書記官涉及執行事務。所以，行政書記官的職務較不涉及人民權益，他們辦理事務的態度與動作，不至於影響到你，無須太關注他們是否變形。

通譯

與民事法庭相同，行政法庭的書記官旁邊同坐有一位通譯，但通常他們在開庭時無須做翻譯工作。行政法庭是獨立於民、刑事法庭的設置，比之於民、刑事法院，行政法院是之後設立的，司法院明知民、刑事法庭的這項通譯工作已無太大意義，仍在行政法庭設立這個職位。無論如何，他們不會影響你的案件，無須注意他們的態度變化。

訴訟雙方

行政訴訟雙方在開庭過程中雖然能充分陳述各自的主張，不過，或許行政法官知道人民受到行政機關的處分，心中會有許多怨氣，因此他們通常會讓人民「大鳴大放」，但不表示人民的主張就會受到法官的重視，更不代表人民會獲得勝訴。

行政訴訟主要涉及政府的行政措施，尤其是政府行政裁量權的行使，不論訴訟一方的行政機關有無提出正確的答辯說明，行政法官會主動為行政機關說理，而且常會以公益的理由，補強行政機關處分的理由。所以，行政訴訟雙方不像民事訴訟一樣，享有平等的訴訟地位。

訴訟代理人

由於行政訴訟涉及許多專業領域，行政訴訟當事人可以委請相關專業人士擔任訴訟代理人，如：會計師、專利師等，當然律師也是當事人可以選擇委託出庭的專業人士。至於行政機關則通常由該機關的人員出庭，他們代表行政機關，不論他們說法正確與否，行政法官通常不會太過苛責，反而會引導他們提出主張。

如同民事訴訟，如果行政訴訟當事人委託專業代理人處理案件時，自己可以不必親自出庭，由訴訟代理人單獨出庭；行政法庭通常採行公開審理，當事人還是可以隨同代理人一同到庭，但無須做出席報到的動作，可以獨自坐在法庭後面，觀看並監督代理人開庭，以瞭解案件的進度及勝負可能。

掌握變形蟲變化的因素

行政訴訟主要是行政機關的某項處分致使當事人的權益受到損害，當事人因此訴請上一級行政機關和行政法院審理。例如：稅務機關對於具體個人的課稅糾紛、警察機關處理個人的交通事件，或其他行政機關與人民之間的公權力行使事件。這些行為理論上是政府機關的決定或處分，但實際上是具有公務員身分的一般人所為，所以他們就是行政訴訟中的主要變形蟲。

行政訴訟主要涉及行政機關的處分、上一級行政機關的訴願決定、行政法官的心態，以及涉及糾紛處分的整體政府機關部門的心態。由於行政機關享有公權力，「公益」自然成為行政機關與行政法院的護身符。所以，如何掌握這隻司法變形蟲的變化，關鍵就在於你與政府的糾紛內容是否涉及公眾利益，以及可否改變變形蟲的保守想法，為自己爭取合理權益。

不易改變的訴願審理

當你不幸遭到行政機關不當處分的侵害時，必須先向行政機關的上一級政府單位提出訴願，就是所謂的訴願審理。沒有經過訴願審理，不可以向行政法院提出行政訴訟。訴願審理難免會給人官官相護的疑慮，而且實際上確實有此情形。對大部分的行政訴訟案件而言，能在訴願審理階段獲得成功的訴願者，微乎其微，最好不要抱有太大的期望。

訴願審理是法院審理的前置程序，不論有無效果，只要你想打行政訴訟，就必須經過這一關；不過，涉及敏感議題或爭議的行政事件，訴願機關或許會拖延審理，不願在法律所定期限內做出決定。此時，你可選擇繼續等待，也可直接向行政法院提起行政訴訟。

訴願審理主要是書面審理，不管你提出的書面理由多麼文情並茂，上一級行政機關很少胳臂向外彎，同意你的請求，如此他們才能維持行政和諧。所以在訴願審理階段，原則上，人民會取得敗訴結果，勝訴是例外。

如果你想發洩怨氣，可以提出到場說明的聲請，上一級行政機關通常會請你到場說明。你不必害怕到場說明，因為被告的行政機關人員未必會到場，訴願委員只會通知一方到場，你未必有與對方辯論或對質的機會，只有向訴願委員發牢騷的機會，這看似是在傾聽人民的聲音，但不太會改變這隻司法變形蟲的想法。

如果訴願機關未拖延審理，在期限內做出決定，決定書通常會以書面寄發，該決定書最後一頁會列出十幾位訴願委員的姓名，但不代表你的訴願審理是經過這麼多委員審慎討論後才做成的，而是少數幾位委員的決定，其他委員只是橡皮圖章。所以，不必因為這項決定結果感到沮喪，既然決定與行政機關對抗，就要有勇往直前的勇氣和信心。

行政法官的類型與辦案態度

相較於民事訴訟和刑事訴訟，行政訴訟相對單純，糾紛的一方都是政府機關，另一方則是企業或個人，而且行政訴訟案件的內容，都是關於政府的行政行為是否合法的問題，只要政府的行政行為沒有太超過，行政法官通常不會判決行政機關敗訴。行政法官審理的案件比較單純，不像民事法官和刑事法官審理的案件千奇百怪，複雜度也比較高。

也因此，選擇擔任行政法院的法官，若不是大學時代就對行政法有深厚興趣，就是不想面對複雜的民事案件，或是不願意面對決定人身處罰的刑事案件。在相對單純的審理環境下，行政法官的辦案態度大致可以分為兩種類型：一是認真辦案的法官；二是享受人生的法官。畢竟，擔任行政法官似無其他利益可圖，所以，如果是想要追逐名利的法官，似乎沒有理由選擇擔任行政法官。

認真辦案的法官

與民、刑事法官一樣，認真辦案的行政法官通常可以在他們臉上看出歲月痕跡。我曾代理一位當事人的稅務糾紛，開庭後我與行政法官對話許久，才驚覺審理案件的法官是我多年沒見的大學學妹！我很訝異短短十幾年不見，她因為案件的負荷量使得面容有如此大的改變，令我不得不佩服專心投入法院審理工作的法官。

當然，認真辦案的法官不見得就會判你勝訴，如同我前面提到的行政法官心態，他們審理案件的心態比較保守，會盡可能為行政機關找合法處分的理由，甚至常以社會公益的大傘，合理化行政機關所做的行政處分。面對法院審理時，你要用心提出具體的相關法令來支持你的主張，並且強調行政機關的處分不合法，這樣一來，或許可以打動認真辦案且能力好的行政法官。

認真辦案的行政法官會耐心審理你請求調查的事情，但不代表他們會認為你的主張有理。因此，如果你爭執的政府處分有時間性，一旦你感覺行政法官不會判決你勝訴時，可以考慮盡早結案，不一定要要求行政法官繼續調查，以免耽誤案件時效性。

享受人生的法官

法官的工作受到《憲法》保障，而且享有退休金，比之於其他工作，不失為一份安身立命的好職業。行政法官審理的對象是行政機關的行政處分，判決行政機關勝訴等於是支持政府的立場，不太可能犯大錯，而且按部就班審理，給予當事人有充分表達的機會，也不會惹來太多非議。

如果判決人民勝訴，似乎是與政府機關作對，想要安身立命的行政法官實在沒有必要為一件行政訴訟個案而得罪政府機關，讓自己成為議論的對象，甚至有官位不保的疑慮。何況，行政法官的判決仍然可以上訴到最高行政法院，如果判決行政機關勝訴有問題，仍可經由最高行政法院改判，似乎無須承擔太大責任。

由於行政案件主要審理政府的具體行政行為，在案件相對單純下，似乎不容易有一隻看不見的手干擾。畢竟，行政訴訟由人民獲勝的機率原本就不高，與其將不法利益交由特定行政法官以取得不太可能的勝利，不如直接將這不法金錢繳納給行政機關，以求快速解決與行政機關的糾紛。

不對等的資料審理

行政訴訟雖然給予人民機會將政府的不當行政行為提交到行政法院，而行政機關通常也會將當初所為的具體行政行為涉及的相關政府公文提交給行政法官審理，但是行政機關常會以公文涉及保密事項，要求行政法官禁止人民閱卷，而行政法官通常會尊重行政機關的請求，將相關公文封住，以致人民無法取得行政機關提交給行政法院的所有卷宗，這是行政訴訟中資訊不對等的嚴重問題。

試想，你與行政法院看到的卷宗內容不同，無法清楚瞭解行政法官究竟審酌什麼文件，更無法瞭解行政機關究竟提供了什麼文件給行政法院，因此也無法正確說明行政機關的錯誤，更無法對症下藥地做出訴訟反擊。與其說行政機關有保密公文作業的權利，不如說行政機關與行政法官有「私相授受」的嫌疑，這場訴訟如何公平地攻守呢？

事實上，行政機關的具體行政行為如果正確無誤，恰可以透過法院審理給予確認，如果做法有偏差，就該全然接受行政法院審理，這才是落實保障人民權益的方法。同時，訴訟的本質就是公平審理，行政機關既然想提出有利的文件，就應該以坦蕩的心，接受行政法官及訴訟對方的審閱。他們一方面提出文件，另一方面限制人民閱覽，而且要求行政法官配合不可提供給訴訟對方，完全不符訴訟的公平性。

行政法官與行政機關同仁都是公務員，他們和行政機關又以「機密公文」一同對待訴訟的另一方，這場訴訟戰爭在地位不平等、資訊不平等的前提下，如何期待這隻司法變形蟲會有公正的心，以公正無私的立場，單純審理人民有無冤屈與行政機關有無不法的行政行為。

行政法院是「橡皮圖章」？

有件企業營利事業所得稅的案件，行政法官依我方的請求傳訊最初承辦這個案件的稅務人員到庭說明，這名稅務人員接受行政法官詢問時，提到了一份重要公文簽呈，當行政法官要求她指出該份公文時，她反覆翻閱行政機關提出的原始卷宗，脫口說出：「我明明有夾進原始公文檔案，怎麼現在不見了。」她的供詞引發一項重要的問題：究竟這份原始文件是遭人刻意湮滅？還是疏忽沒有置放進去？

由於這份文件對我方相當重要，也是我方請求傳訊這名稅務人員的主要理由，我方對於這項重大發現，自然要求行政法官詳細調查，並且命行政機關依法提出這份文件。這份文件就成為我們在這起行政訴訟中，可否起死回生的重要關鍵。我們請求法院調查的理由很簡單：

一、如果這份文件是行政機關疏於放入，行政機關應該找出來，並依法提出。畢竟這份文件已經原來承辦人員口頭確認，顯然可以說明我方的主張確屬真實，行政法官應該予以審理，而行政機關沒有隱藏的必要。

二、如果這份文件是行政機關有意湮滅，就表示行政機關明知這份文件對我方有利，但是他們有不法的居心，想要抹煞原先承辦人員與我方協商同意的結果，進而否定我方的主張，欺騙行政法官。

行政法官雖然瞭解這個重大疑點，也知悉我方請求進一步調查的理由，但是他不想擴大事端，只是草草訊問行政機關的代理人，而代理人知道此事的嚴重性，僅輕描淡寫地表達他們沒有這份文件，而行政法官立即採信他們的說法，拒絕做進一步的調查，而且不再理會我方提出的請求，立即結束法院審理，直接判決我方敗訴。

這個案件涉及的金額高達兩千多萬元，如果判決我方勝訴，政府必須退稅近一億元，來回差距將近一億兩千萬元，這或許是行政法官不願意判決我方勝訴的原因。這個制度就形式而言，似乎給了人民一條申訴政府施政錯誤的管道，但實質上，行政法院又好像是行政機關的橡皮圖章，只要行政機關提出說法，不論合理與否，行政法院可以照單全收。這隻司法變形蟲似乎不太變動，常依附著行政機關。

保守的法庭審理

除了審理案件的保守心態，行政法官對於涉及公務員的違法情事，也可能抱持「多一事不如少一事」的態度。在一件涉及行政機關具體處分是否合法的案件中，行政法官發函要求行政機關授權處理的單位提出做成決定的依據理由，這個單位回函的內容只提出該文件影本，沒有提出正本。經過我方提出異議後，行政機關於是將該文件正本提出給行政法官核對。

提出正本文件乃是法律規定的一項訴訟原則，我方只是依循法律原則提出請求，而行政機關的代理律師明知這項規定，也提出了正本文件供行政法官核對。沒想到，行政法官當庭表示：「行政機關授權處理的單位提出的影本文件遮掩了部分內容。」這結果出乎我方意料，我方於是請求行政法官同意我方閱覽比對正本與影本的差異。然而，行政法官拒絕我方請求，很明顯是想保護行政機關和授權的單位人員。

這個案件主要涉及行政機關的處分是否合法，行政機關主張他們是依據授權單位認定的內容，才做出這項具體處分，有趣的是這個單位提出來的文件竟然故意遮掩部分內容。到底他們遮掩的目的是什麼呢？如果他們認為處分合法，為什麼不提出文件全文？刻意遮掩部分內容，是否不想讓違法的事情曝光？如果行政法官有心審理，難道他會視若無睹嗎？

行政法官拒絕讓我方閱卷，我方無法具體指出對方違法的事跡，自然無法正確提出刑事檢舉。而行政法官已發現問題，竟依循行政機關的要求，拒絕我方閱卷的請求，而且將原本文件立即返還行政機關，草草審理後，判決我方敗訴。行政法官不僅沒有落實查明真相的義務，更主動保護違法的行政官員，找理由判決我方敗訴。這隻司法變形蟲的保守心態，似乎很難改變。

有位公司財務長參與了公司的稅務行政訴訟，從復查、訴願到高等行政法院審理等的行政訴訟程序，她感慨地說：「對於公司與國稅局的稅務官司，從復查、訴願、到高等行政法院的有理說不清，政府某些官員對企業界的實務理解非常貧乏，衍生的後果就是有理說不清，事實遭到扭曲，個人的確深感失望與沮喪。」

鼓勵行政機關為所欲為

涉及人民權益的行政機關具體行政行為有時具有時效性，如果具體行政行為沒有及時撤銷，違法的行政行為存在一段期間後，難免會造成行政機關積非成是的不良結果。還記得二〇〇六年前後發生的高速公路ETC糾紛案嗎？政府當年核准「遠通電收」為最優廠商，而與該公司合作辦理相關事項，並開始執行這項計畫。

不過後來最高行政法院判決「宇通集團」勝訴，政府不應該選擇「遠通電收」為最優廠商，引發一連串爭議。

固然，行政法官每月審理的案件數量不少，但是針對具有時效性的具體行政行為，如果行政法官的審理速度仍是牛步進行，就會發生上述不合理的情形，也間接助長行政機關為所欲為的不當心態。有位企業主就遇到類似的情形，他的企業遭到行政機關撤銷營業，而且拍賣企業的相關資產。雖然企業主提出行政訴訟，但是行政機關沒有因為行政訴訟停止拍賣，反而加速處理。

這位企業主雖然請求行政法官盡速審理，並請求法官命行政機關暫時停止拍賣企業資產，但是行政法官依然按部就班開庭，以標準公務員辦案的態度進行。從客觀角度而言，行政法官沒有違法，但如果每位行政法官都抱持著這種審理心態，勢將鼓勵行政機關做出違法行政行為，然後只要以拖待變，就可以積非成是，將非法的變為合法。

我常想，如果行政法官審理的案件涉及他自己的家人時，不知是否會加快審理腳步。這位企業主因為行政機關的不當處分，頓時沒有工作，而且行政機關也將他的財產全部查扣，他等於完全失去使用財產的權利，他的工作權和財產權，一夕之間消失，而行政法官仍然以平常心審理這個案件。這隻司法變形蟲的定力很高！

訴訟實例

CASE 1

不容易改變的行政訴願變形蟲

行政訴訟的第一階段是行政機關所屬的訴願委員會，它的實質功能似乎就是盡可能地維持行政機關的處分，而且會為行政機關的處分另外補充或加強理由。如果你決定提起行政訴訟，要有在這一審級壯烈犧牲的準備，而將精力放在二審的法院訴訟。根據統計數字，只有極少部分行政訴訟的案子，有可能在此階段翻案。

某日早晨，還不到營業時間，國內一家老字號金融公司，突然收到行政機關的函文，文中指出因這家金融公司業務、財務狀況惡化，流動性已無法履行契約責任，有不能支付債務、損及客戶權益之虞，於是勒令該金融公司停業，並派員清理。

這家金融公司負責人收到行政機關的函文時，錯愕又憤怒，因為在公司無法提撥足額責任準備金時，曾經與行政機關的高層協談。他沒想到還在與行政機關協談期間，行政機關竟然將公司全部資產扣押，也扣押他個人資產，同時限制他出境，並對公司其他董監事也做出相同處分。不僅如此，行政機關更將他個人以涉及刑事不法，移送地檢署偵辦。

經人介紹，這位負責人要求我與他委託的其他律師一同討論他的案件。由於調查人員催逼，他備感壓力，但又還沒有做好準備。

當時我研究行政機關的處分函文，認為如果沒有對處分提起行政訴訟，等於是同意行政機關的處分決定，表示行政機關有權扣押他的財產、限制他的出境，以及有權對其他董監事處分。果真如此，他只能坐以待斃，毫無反擊之力，甚至影響他的刑事案件。

最後，他決定反擊，以防止行政機關為所欲為地迫害。我於是向行政院訴願委員會提起訴願。行政機關做出這麼嚴厲的處分，可預期也會盡力阻撓行政訴訟。果真，訴願委員會不僅沒有在當事人提出訴願的三個月內依法做出決定，反而在訴願提出的四個月後，發函要求我方限期二十日內提出蓋有公司印章的書狀。

訴願委員會的要求明顯強人所難。因為這家金融公司遭行政機關勒令停業，由政府接管，同時停止企業負責人的職權，負責人不能代表公司提出行政訴訟，只有接管的政府有權代表公司並使用公司印章。

行政機關顯然想以政府接管，阻止這家金融公司提出行政訴訟，從訴願委員會要求負責人提出蓋有公司印章的訴願書，可以清楚瞭解它要剝奪他的訴訟權，而且要駁回我方的訴願請求。甚至，如果這個負責人提出蓋有公司印章的訴願書，行政機關恰可再以偽造文書的罪名，將他移送地檢署偵辦。

果然，訴願委員會在沒有收到我方的補正後，駁回我方的訴願請求，而駁回的理由就是原來的負責人無權代表公司提出訴願，而原有股東會、董事、監察人等職權都已遭行政機關停止，因此訴願委員會不受理本件訴願。不過，訴願委員會的決定事後遭到行政法院撤銷，並要求它重新做出決定。

如果訴願委員會的駁回理由成立，那麼只要行政機關將公司負責人強制解職，原來的負責人就無法代表公司提出訴訟，而新的負責人是既得利益者，自然不會代表公司質疑政府的處分，行政機關可為所欲為，顯然不符民主法治的精神。

訴願委員會並沒有在行政法院發回後的三個月內再次做出決定，而是拖延一段時日後，再度駁回我方的請求。根據上述行政機關及訴願委員會的處理態度，實在無法期待行政訴訟的第一階段能改變司法變形蟲的可能。

訴訟實例

CASE 2 靈活訴訟手法，隨時挑戰司法變形蟲

行政機關享有很大的行政裁量權。如果你不幸遭到行政機關侵害權利時，即使明知行政訴訟的勝訴機率不高，也要堅持提出行政訴訟，並且要靈活運用訴訟手段，只要思考如何加重公務員的責任，就有可能迫使行政機關改變原先的決定，而你可能因此獲得意想不到的成果。

針對上述行政機關為所欲為的處分，我方於訴願委員會駁回請求後，依法提起行政訴訟。在行政法院開庭時，我策略性地請求行政法官傳訊當時的行政機關高層主管。

我明知這項請求不會被允許，但這是我聲東擊西的做法，目的是想透過這項不可能達到的請求，對行政機關造成壓力：

一、如果我方的請求被允許，便可以利用行政法官訊問行政機關高層主管時，同時請求詢問我方想瞭解行政機關做出處分的相關背景問題，對我方只有好處，沒

有壞處。

二、如果我方的請求不被允許，可以繼續要求行政法官傳訊其他證人或調查其他證據，繼續增加行政機關的壓力，讓行政機關有芒刺在背的感覺，對我方也沒有什麼壞處。

雖然我的請求沒有得到行政法官的核准，但就在我提出請求後的兩週，行政機關在事實沒有任何改變下，解除對這家企業所有董監事的財產扣押，同時解除先前對所有董監事出境的限制。這是提出本件行政訴訟的首要功效之一。

如果金融公司沒有提起行政訴訟，這些董監事遭到行政機關為所欲為的霸道處置，不知何時才能順利解決。這位企業主透過這起行政訴訟替其他董監事的財產權和自由權平反，總算對他們有所交代。

當時，這起行政訴訟才剛開始不久，據企業主私下表示，其他董監事曾透過不同的管道及人脈，期盼行政機關能解除對其他董監事的財產扣押及限制出境處分，但所有方式都無疾而終。只有加重行政機關的行政責任，他們才會反省，也才會回應人民的請求。

訴訟實例

CASE 3 行政訴訟變形蟲
不容易改變保守特性

行政訴訟從過去沒有開庭審理，到現在改變由高等行政法院開庭審理。理論上是給予人民申訴機會，而且要求行政機關到庭，由行政法官聆聽政府與人民之間的陳述。不過，由於行政法院的保守心態，並沒有站在公正立場審理案件，似乎成為行政機關的橡皮圖章，甚至不願調查行政機關的違法行為，實有失行政訴訟改制的立法目的，反而拖延行政爭訟的時程。

上述金融公司的行政訴訟案件總是在旁枝末節中打轉，持續了一年多，最後終於首次開庭進入審理階段。不同於行政機關派員參與一般行政訴訟案件，此次他們特別委任律師出庭。

本來行政機關不願意提出他們的處分依據，經過我方不斷請求行政法院命行政機關提出相關資料時，他們才提出片段的文件資料。經過多時，我方才從行政機關提出的片段文件中，瞭解行政機關的處分是「掛羊頭，賣狗肉」的違法處分。

他們透過公權力，以原來的金融公司有財務問題，做出停業清理處分，再精心以招標方式，安排由新的金融公司取得原來公司的營業。他們操作的手法是：

一、由行政機關以「日常檢查」為名，先指派第三人進入原來的金融公司查核，取得原來的金融公司內部財務資料，而他們早已內定由某金融公司取得原來的金融公司營業，所以，行政機關同時安排新的金融公司隨同行政機關指派的第三人，一同評估原來的金融公司財務狀況。

二、行政機關事後以迅雷不及掩耳的方式，將原來的金融公司處以停業清理，並且指派該第三人擔任清理人。由這第三人一方面清理原來的金融公司，一方面也為已內定接手的金融公司量身訂作招標須知。

三、當內定的金融公司得標，行政機關立即核准內定的金融公司成立新的金融公司，而新的金融公司首任負責人就是行政機關指派這第三人安排清理原來金融公司的小組負責人。

四、當時報載此項人事安排是行政機關下轄部門安排任職；而行政機關身為主管部門，負責監督金融公司。從這處分做成，將原金融公司消滅到新的金融公司成立，前後費時三年有餘，行政機關不可能不知原委。

雖然我方分別提出口頭和書面要求，請行政法官調查，但行政法官皆以平常心審理，明顯想與行政機關站在同一陣線。甚至，在我方查出行政機關的重大違法問題後，行政法院感受到問題嚴重性，於是停止開庭。

遺憾的是，行政法官感受到這個案件的可疑內容，為了避免事態擴大，於是表示不再開庭，事後只開了一次調查庭，就強行言詞辯論並終結這個案件。當然，行政法院的判決結果仍駁回了企業主的請求，而企業主立即提起上訴，但最高行政法院也駁回企業主的上訴，這起行政訴訟案件終告確定。

我方在這個過程中，提出十六份書狀，但行政機關對許多疑點絕口不提，早已說明這處分違法。有趣的是，我全力處理這個案件時，竟然收到行政機關高層長官寄來的新年賀卡，這是我從來沒有的經歷。我相信這一輩子應該只有這一次機會收到政府高級官員的賀卡。果真，當行政法院判決這企業主敗訴後，我也沒有再收到這位長官的賀卡了！

訴訟實例

CASE 4 行政訴訟的變形蟲 無法監督行政機關

行政、立法、司法是民主國家的主要運轉機制，司法是正義的最後一道防線，它除了獨立於行政與立法之外，更應該有道德勇氣檢視行政與立法有無違法的問題。但是，從行政訴訟的司法實務看來，我們的行政訴訟變形蟲顯然完全背離了它應有的職責，這隻變形蟲成為行政機關轄下的一個部門，似乎無法發揮應有的功能。

在上述的行政訴訟中，我方一開始就要求行政機關提出處分的依據，雖然行政法官也命行政機關提出說明，但他們提出的說明與所附的文件竟然不符。身為主管機關，負有監督責任，竟將所有問題及相關文件，全部推卸給當時指派的第三人，並因此拒絕提出相關文件。

為了避免浪費時間，我方不得已要求行政法官向該第三人調取相關文件，尤其是處理這家金融公司的「資產淨值評估精算報告」及「財產目錄」。行政法官因此發函要求第三人提出該等文件，但第三人竟然抗拒行政法官的函令，沒有提出全部文件，而行政法官也沒有繼續調查。

從行政機關指派的第三人提出文件的動作，可以瞭解這第三人顯然聽命於行政機關，漠視行政法院的要求。我方雖然強烈請求行政法官查明相關事實，且行政法官也表示我方主張有理，有查明的必要。不過，行政機關持續抗拒，行政法官竟然不願意裁定命行政機關提出。

行政法官的作為與行政機關委任律師的態度，凸顯行政機關在行政訴訟中的傲慢態度，以及行政法院無法查明行政機關不當行為的無能表現。雖然如此，我方仍鍥而不捨地要求閱覽行政機關提供給行政法官的所有文件，而行政機關的律師竟然因此表示，他們想取回已經提出但不同意交由我方閱覽的文件，並且表示這些文件可以不做為判決的基礎。遺憾的是，行政法官任由行政機關為所欲為，只是選擇性地審理本案。這隻司法變形蟲遇到行政機關時，顯然失去應有的功能。

我方從行政機關提出的片段資料中，發現行政機關一連串的動作，明顯表示這處分有以下矛盾：

一、行政機關強調因為原來的金融公司資產小於負債，於是做出「停業清理」處分。如果這是真的，表示行政機關想整頓金融秩序，於是採取鐵腕作風，這本是正當合理。

二、以上述相同標準，行政機關對事後核准成立的新金融公司也應嚴加監督，保障金融消費者權益。否則，行政機關大費周章處分原來的金融公司，卻又核准一家比原來的金融公司體質還差的公司，就沒有實質的意義。

三、根據行政機關提出的資料，他們竟然核准新成立的金融公司以五億元的資本額成立，而且給予十年的寬限期，才達到二十億元的法定實收資本額。新的金融公司資本額顯然比行政機關對原來的金融公司所要求的二十億元資本額少了近三倍以上。

四、依照新的金融公司資產負債表記載，設立股本只有五億元，辦理現金增資後就發生經營不善，連年虧損，使得每股盈餘呈現負值。但行政機關在本件審理期間，完全沒有監督新的金融公司，即使我方提出書狀質疑，行政機關仍視若無睹。

五、行政機關提出新的金融公司資產負債表，原本想說明他們財務結構優良，但他們提出的報表所示各項財務數字都不一致，不僅資產項目中的分項數字不同，連股東權益項下的數字也不同，該資產負債表無法顯示左右科目金額數字平衡。

六、新的金融公司成立時，董事長竟然是行政機關當時指派第三人清理原來金融公司的「清理小組」負責人。而行政機關指派清理的第三人的公司負責人，也曾經擔任標得原來金融公司的另一家金融公司董事。

我方指出行政機關沒有盡到主管機關的監督責任，並提出上述質疑，然而行政法院與行政機關對這些質疑完全視而不見，即使我方一再提出書狀強調，行政法官依然不為所動。顯然，此時沒有消費大眾權益的公益問題；而行政機關的作為除了圖利新的金融公司外，實在沒有更合理的解釋。

訴訟實例

CASE 5 司法變形蟲沒有作為，完全失去應有功能

行政法院是監督行政機關有無違法行為的重要機構，尤其涉及相關不明資金流向，以及有無涉及公務員貪瀆，行政法院責無旁貸。不過，從司法實務運作來看，可以清楚瞭解這隻司法變形蟲較無作為，無法監督行政機關有無違法，實在失去行政法院應有的功能，如何期待老百姓相信司法。

從上述的行政訴訟中，我方發現行政機關指派第三人標售原來的金融公司營業，該第三人制定的投標須知明文規定，投標人的投標金額是指「投標人評估原來的金融公司營業而須承擔的潛在負債，所願意獲得的補償金額」。所以，得標的金融公司所出的投標金額必須「符合底價而且是最低的補償金額」。換句話說，得標的金融公司事後可以從某財團法人的基金，取得與它投標金額相同數額的補償金。

依照相關法律的規定，這個財團法人的基金是由同類型的金融公司共同繳納一定金錢組成設立的基金，用以協助該類型金融公司發展，並且在必要時，可貸款予

金融公司。這基金雖由各金融公司提供資金成立，但基金的使用仍須受行政機關監督。所以，上述投標須知的規定須經過行政機關核准。

理論上，得標的金融公司既然願意以最低的補償金額取得原來的金融公司，它對原來的金融公司既有負債，就須自行籌措資金，才符合上述投標須知的規定。由於內定的金融公司曾與行政機關指定的第三人一同查核原來金融公司的財務狀況，這內定的金融公司顯然可以準確評估原來的金融公司，進而提出與投標須知所定「底價」最相近的得標金額。

內定的金融公司既然標得原來的金融公司營業，依照投標須知的規定，財團法人的基金只能依照內定的金融公司自願投標的金額支付。沒想到，這財團法人的基金除了支付原本應該支付的金額，竟又多支付兩億六千萬元給得標的金融公司，顯與上述投標須知的規定不符。

當我方發現這項不明資金支付的問題後，行政機關的態度明顯轉變，他們不僅不願意再提出文件，更迴避說明何以支付兩億六千萬元的理由，甚至在開庭時表示，我方提出上述資金問題不是行政訴訟應該審理的範圍，而是刑事訴訟審理的內容。果真如此，行政機關身為這件事的主管機關，竟然不查明是否涉及刑事不法，反而一再迴避問題。

行政機關明知這個案件涉及不法或人謀不臧，但行政法官卻不願意再調查這項重大疑點。不過，由財團法人提出的一份資料表明，該兩億六千萬元是由一個名叫「標售執行委員會」的第五次專案會議通過。該標售執行委員會究竟是什麼組織，行政機關拒絕說明，確實啟人疑竇。

我方於是質疑標售執行委員會的性質，同時要求行政機關說明。遺憾的是，行政法官感受到這個案件的可疑內容，為了避免事態擴大，因此表示不再開庭。事後只開了一次調查庭，就強行在言詞辯論中，終結這個案件。當然，行政法院沒有追查兩億六千萬元，而我方也無法查明所謂標售執行委員會的性質、組成人員，及在該處分中的角色，留下一大堆可疑問題。

民主政治貴在依法治理、依法行政。既然行政訴訟要求行政法院審理政府機關的行政行為，如果查到公務員有犯罪嫌疑時，當然要移送相關主管機關調查。但從本件行政訴訟可清楚看到，我們的行政機關為所欲為，而行政法院實在缺少擔當；甚至對於我方發現的可疑資金，毫無查明或移送相關單位偵查的動作，容任不法行為繼續存在。

值得一提的是，在我出版本書而遭特偵組傳訊時，有鑑於特偵組設立目的是調查公務人員是否涉及貪瀆，我因此利用此機會，請求他們調查這起金融公司標售案，並請求調查兩億六千萬元的資金流向。我甚至在特偵組多次傳訊我時，取得原來的金融公司負責人同意，允許特偵組與他聯繫，讓他能親自向特偵組說明本事件原委，但特偵組在二〇一七年一月一日裁撤前，這位金融公司的負責人始終沒有接到特偵組電話，兩億六千萬元究竟流向何方，已成謎團。

更遺憾的是，行政機關內定給予標得的新金融公司，既然取得原來的金融公司營業，行政機關理應持續監督新的金融公司。然而，就在行政機關給予該金融公司十年寬限期，以便取得實收資本額二十億元的目標，該金融公司竟在短短幾年間，因經營不善而由其他金融公司合併。

原來的金融公司股東、董監事等，因行政機關的處分而遭剝奪財產權及工作權，但行政機關竟容任新的金融公司經營不善而遭合併，顯有意湮滅所有違法行為的證據資料。如果原來的金融公司有「業務、財務狀況惡化，流動性已無法履行契約責任，有不能支付債務、損及客戶權益之虞」的清算理由，那麼接手的金融公司反而在接續經營不久，即因經營不善再遭其他金融公司併購，則行政機關大費周章介入此金融公司，非但沒有改善公司體質，反而還讓財團法人的基金無端短少兩億六千萬元！顯然，行政法院這隻變形蟲沒有發揮司法獨立的精神，也沒有展現司法是法治國家的最後一道防線。

第四部

當司法變形蟲遇上政治

依照《憲法》的規定，法官獨立審判，不受任何外力影響，這就是所謂司法獨立的精神。但在真實世界中，法官的心真能夠不受外在事物影響嗎？答案如果是肯定的，你會相信嗎？

一九四九年，當時的台灣省主席兼警備總司令陳誠頒布戒嚴令，至一九八七年由當時的總統蔣經國先生宣布解除戒嚴，在這三十八年間，依據《戒嚴法》的規定，由戒嚴地區的最高司令官掌管行政事務及司法事務。所以在那段期間，台灣的司法並未依照《憲法》的規定，享有司法獨立的地位。顯然，戒嚴期間是政治凌駕司法。

解除戒嚴之後，理論上回歸司法獨立的精神，但是我們的司法事實上究竟有無具備獨立地位，仍是見仁見智。司法是否遭到政治干預，沒有人有肯定的答案。政治就好比經濟學所說的「那一隻看不見的手」，隨時有可能伸入司法領域，值得我們深思。

看不見的政治手

從民主潮流來看，司法權獨立於行政權及立法權，是國家社會公平正義的最後守護者。簡單而言，它應該打破過去封建時代「刑不上大夫」的思想，也就是皇親貴族犯法與庶民同罪，都應該接受處罰。所代表的意義就是人人平等，政治或其他勢力不應該介入司法。

雖然我們早已回歸憲政體制，但這個國家機器在運作上，有無確保司法獨立於政治之外，仍難以檢視。一旦在位者確實以他們的權力介入司法，不論介入是否成功，他們絕對不會承認；反之，如果在位者果真沒有介入司法，他們也無法提出證據說明所言屬實。

台灣在解除戒嚴後，發生許多與政治有關的司法大事，其中兩件：一是一九九三年海軍上校尹清楓命案；另一是前總統陳水扁及前副總統呂秀蓮於二〇〇四年遭到兩個子彈攻擊的事件。這兩個案件都涉及政治事務，也都進入司法調查，成為司法案件。儘管媒體當時談論甚多，但沒有任何進展。這兩個案件究竟是因為事實過於複雜，以致無法偵破，還是因為涉及敏感政治議題，以致「技巧性地不予偵破」，或許已無法得知真相了。

尹清楓案件

尹清楓上校生前不是一位名人，但他執行軍方所謂二代艦的採購業務，包括法國生產的拉法葉艦在內四件軍購案，總預算達新台幣一千一百五十二億元。這起軍購案涉及台灣軍事安全，應該屬於政治事件；當然，它所牽涉的金額龐大，而尹清楓當時執行軍購案，竟然離奇死亡，也讓外界認為與軍購的經濟利益有關。

不過，尹清楓命案發生後，他所屬的海軍總部軍法處立即判定他是自殺身亡；但隨著家屬抗議及媒體持續關注後，死亡原因及過程充滿各種疑問，而且在他死亡後不斷牽扯出許多政府的採購問題與弊端。同時，法國前外長羅蘭．杜馬（Roland Dumas）也因收受該軍售案的佣金而下台，台灣海軍前總司令葉昌桐、前艦管室主任雷學明和姚能君等將領也因此遭到彈劾。

當時的監察委員康寧祥曾表示，前行政院長郝柏村在購艦決策轉向，將原定的蔚山艦變更為拉法葉艦的過程中，違反多項程序規定。對此，郝柏村發表一篇〈我心無愧，願受公評〉的聲明，他在聲明中強調：「面對昔日長官否定知情之言，我深表遺憾。對監察院『對統帥權顯欠尊重』的評語，我心坦然，唯願以我六十年公職生涯，始於從軍報國，止於依憲總辭，無悔無愧之心情，接受國人公評」。

此案件是在前總統李登輝主政時期發生，但案件調查一直沒有突破，應該是台灣九〇年代最大的懸案之一。接續擔任總統的陳水扁上任後，於二〇〇〇年到多明尼加共和國訪問時，面對北美洲的五、六百位台商，表示：「縱使會動搖國本，我們也要辦下去。」

他當時進一步強調：「在會中很多人以前是李登輝之友，現在是阿扁之友，但大家都是台灣之友。我絕不會辜負國人的期望，我會用以往的魄力與認真，與新團隊成員共同打拚。偵辦尹案絕對沒有上限，不論層級多高、層面多廣、在位與否，就算動搖國本也會辦到底。」他並且要大家多給他一些時間。

這個案件到今日仍沒有答案，而此案的兩位重要人物：郝伯村及李登輝，先後於二〇二〇年三月及七月過世，案件似乎已無水落石出的可能。

兩顆子彈案件

二〇〇四年三月十九日，爭取總統連任的民進黨籍總統陳水扁、副總統呂秀蓮正在台南掃街拜票時，不幸發生槍擊事件。當時的總統府祕書長邱義仁召開記者會說明，但在回應記者提問：「總統既然中彈，他是步行進醫院的嗎？」他卻露出笑意並回答：「可能嗎？」此舉被媒體繪聲繪影為「神祕的微笑」。

醫院隨後也在當日召開了記者會，公布三張陳水扁總統腹部被子彈打傷的照片和一些沾滿血跡的衣物，並表示子彈只傷及脂肪組織，沒有打穿腹腔；傷口有十一公分長，三公分深，共縫了十四針。兩顆子彈也分別在陳前總統的衣服和座車中被找到。

媒體報導認為，這起事件對於當年的總統大選產生影響，不論事實真相如何，二〇〇五年三月七日由最高檢察署及刑事警察局召開記者會，說明開槍的嫌疑犯是陳義雄，但他已經溺斃身亡，作案凶槍等證物沒有尋獲，所以記者會當日沒有宣布破案。刑事警察局並表示，陳義雄的家人已經坦承陳義雄涉案，他在死前曾留有遺書承認犯案，但家人為保護他的名譽，已經將遺書銷毀，並將他的死亡上報為意外死亡。

二〇〇五年八月十七日，最高檢察署檢察總長吳英昭正式宣布結案，而台南地方檢察署在同年八月二十二日也做出不起訴處分，理由是當事人陳義雄已死亡。不過，隔年陳義雄家屬卻翻供，並指責檢警逼供；身為當事人的呂秀蓮也曾出面表示，這樣子結案她不能接受，希望繼續偵辦下去，她並發表聲明：「為穩定政局，並杜國內外悠悠之口，建議新任最高檢察署檢察總長另組專案小組，繼續偵查三一九槍擊案，以期真相大白。」

上述兩起案件牽涉極度敏感的政治問題，而兩者也都成了重要的司法案件，一

件沒有破案，一件雖然已經結案，但大部分民眾都難以接受司法調查的結果。這兩個案件涉及台灣軍事安全和國家領導人的安全，但是政府處理的手段似乎不是很慎重，究竟這隻看不見的政治手有無介入，民眾各有不同解讀。唯一可以確信的是，我們的司法檢察系統無法維護國家安全及社會安定，無法及時將凶手繩之以法。

參酌美國二〇二四年總統大選期間，共和黨候選人川普於同年七月十三日，在賓夕法尼亞州的造勢活動中，遭到一名男子連開八槍，川普幸運逃過一劫，僅右耳流血，但該事件造成在場人員一死及二重傷，而凶嫌隨即被維安人員擊斃。此事件立即引起各界震驚，負責維安的特勤局局長金伯莉・奇鐸（Kimberly Cheatle）於七月二十二日出席國會聽證，承認此事件乃特勤局近數十年來最重大的挫敗，她並於二十三日請辭。

美國政府在案發不到一天的時間內就查出凶嫌的背景資料，是一名約二十歲的賓州白人，名叫湯瑪斯・馬修・克魯克斯（Thomas Matthew Crooks），來自匹茲堡南方的伯特利公園鎮（Bethel Park），距離候選人的造勢現場大約一小時車程。同樣發生在科技飛快進步的二十一世紀且涉及高度政治敏感的槍擊事件，我國政府對於涉及國家安全事件的反應及措施，比之於美國維安單位的表現，顯然還有很大的進步空間，才能確保國家與人民的平安。

新新聞與呂秀蓮的訴訟

過去，總統、副總統從來沒有涉及司法事件，我們不容易瞭解司法與政治之間的關係。但是，二〇〇〇年新新聞雜誌與副總統呂秀蓮之間的訴訟，一下子將兩者連結起來。當司法這隻變形蟲遇到政治時，究竟會變成什麼樣子？那場官司最後由前副總統呂秀蓮獲勝。不過，究竟有多少人認為這個判決結果公正呢？試想，一個原本相信該則報導的人，會因為新新聞敗訴，就轉而認為新新聞當時報導「呂秀蓮主導製造總統府緋聞案」的事件是假的嗎？這個司法判決結果，似乎只是讓更多人不相信司法。

這起案件從頭到尾只涉及民事訴訟，較之於刑事訴訟及行政訴訟，民事訴訟的雙方當事人，訴訟地位應該是平等的。所以，如果能從分析這個案件中，瞭解司法變形蟲和政治的關係，一旦你的糾紛對象涉及政治人物時，將更能夠清楚判斷是否該與對方對抗，以及究竟該採取什麼樣的訴訟手法。

這起重大案件發生時，我恰好在世新大學教授「新聞法規」的課程。當呂秀蓮提起民事訴訟，新新聞首次出庭回應時，我從媒體報導得知新新聞的操作手法，還曾在課堂上表示贊同。

不過，好景不常，等到新新聞第二次出庭，經媒體報導雙方的攻防後，我在課堂上已預言新新聞必定敗訴，因為他們的訴訟操作手法錯誤，敗相已出，如果不改變訴訟策略，會一直敗到三審。

果真，新新聞確實一路敗北，直到最高法院判決確定敗訴。新新聞是報導政治的專家，但他們忘了這是一場與政治有關的訴訟，不是單純的訴訟，也不是單純的政治，更不是單純的新聞。他們如果不是錯估情勢，就是堅信司法會做出公正的判決，但最終只是讓自己不得不接受敗訴的事實。

糾紛原委與記者會

二〇〇〇年十一月十六日，新新聞雜誌第七一五期刊登了一則聳動的新聞，直指當時副總統呂秀蓮是製造總統府緋聞案的幕後主角。該期雜誌封面刊登：「鼓動緋聞，暗鬥阿扁的竟然是呂秀蓮。」內頁的封面故事進一步寫著：「一通深夜電話，引發台灣政壇有史以來最大的桃色風暴，也將長久以來貌合神離的扁呂矛盾正式搬上檯面。」「十一月初，呂秀蓮在深夜打了一通電話給某媒體高層，意外驚爆：總統府有緋聞，嘿嘿嘿」，依雜誌描述的口氣，令人覺得呂秀蓮似乎有些幸災樂禍。

新新聞刊登此則新聞後，呂秀蓮在當日下午立即召開記者會，否認新新聞的報導，並痛斥此事是「不折不扣的政治陰謀」；她同時表示，將委任律師團依法追究新新聞的法律責任。中國時報報導，呂秀蓮說：「這絕對是政治陰謀！主角另有其人。」

中國時報同日第二版也報導呂秀蓮在記者會上的說法：「我很少三更半夜打電話，更沒有時間睡不著去總統官邸聊天？如果有這通電話，一定是有人冒我的名字打的。根據推算，新新聞報導的這通電話是十一月六日打的，我查了通聯紀錄，這一天根本沒有這通電話。」聯合報同日第三版報導：「呂秀蓮說，她很少半夜三更打電話找人聊天，大家可以查總統官邸的電話通聯紀錄……沒有這樣一通電話，若有，就是有人冒名打的。」

新新聞社長也在十七日當天召開記者會，表示：「新新聞原本計畫採取低調態度不對外說明，在獲悉呂秀蓮昨晚召開記者會抨擊新新聞的報導後，決定召開記者會回應。」「該掌握的證據都有，像錄音帶、筆記等，未來如果要對簿公堂，新新聞會視時機公布。」中國時報第二版報導：「新新聞將全力保護消息來源，不會將消息來源曝光。」自由時報第三版則報導新新聞社長說：「採訪過程中所掌握的證據都有，通聯紀錄、所有的證據都在。」「新新聞將保護消息來源，不會讓其曝光，他說，這是新聞記者的義務。」

聯合報於十八日第一版報導，根據總統府與律師團的初步判斷，認為「應有人冒用呂副總統之名，打電話給多名媒體負責人」。新新聞同日立即反擊，聯合報當日第三版報導：「新新聞表示，如果有人能假冒副總統，打那麼多通電話，又未被察覺，此人的模仿能力，顯然已到不可思議的地步。」新新聞再次強調：「保護消息來源，是在《憲法》保障下的權利與義務，這是媒體的基本原則。」

副總統打官司

針對上述爭議，雖然有心人士多次協調雙方，但無法達成「相互退讓」的和解共識。呂秀蓮於是在二〇〇〇年十二月二十一日對新新聞及相關人員提出民事訴訟，要求新新聞等人回復名譽，並在媒體刊登道歉啟事。而且呂秀蓮的律師團更聲稱，未來不排除提出刑事誹謗罪的告訴。這是政治人物面對不符己意的言論，常用的說詞。

不過，在這起糾紛中，呂秀蓮的操作手法不同於一般政治人物，她選擇提出民事訴訟，而沒有提出刑事訴訟。雖然她的律師團一再表明，不排除再提出刑事訴訟，但始終沒有提出。這是正確的做法，畢竟一般政治人物如果遭人惡意攻訐，一貫的手法就是提出刑事誹謗告訴，但案件通常躺在檢察官手中，等到事件風波過後，檢察官再結案，屆時已沒有人關注案件結果。

呂秀蓮很清楚這個案件絕對不可以不了了之，她必須爭得是非對錯，也一定要贏。她也很清楚，如果她提出刑事訴訟，未必會獲勝，因為她必須證明該嫌疑人確實有誹謗她的刑事故意，而「刑事誹謗故意」比起「民事侵害名譽的故意」，法院在審酌上更加嚴謹，獲勝的機率較低。在只能贏的壓力下，她最後選擇提出民事訴訟。

一審法院經過一年四個月的審理，在二〇〇二年四月十日判決一名自稱接到呂秀蓮電話的新新聞記者敗訴，他是新新聞當時的總編輯。這位總編輯必須連續三日登報澄清，至於呂秀蓮請求新新聞和其他記者須一同登報道歉部分，一審判決呂秀蓮敗訴。有趣的是，雙方都上訴到二審，二審法院開了兩次庭就結案，並在二〇〇二年十二月十三日改判呂秀蓮全部勝訴，也就是新新聞和其他五位記者必須與一審敗訴的記者共同負連帶責任。

這起政治案件在新新聞上訴到三審後，最高法院於二〇〇四年四月二十九日駁回新新聞等人的上訴，全案落幕。呂秀蓮在這起民事訴訟上大獲全勝。然而，一般民眾似乎沒有因為這項判決結果，改變他們對整起事件的看法，而是再次不相信司法。這起官司沒有真正的贏家，不過，司法似乎是最大的輸家。

新新聞的訴訟策略錯誤

這是一件典型的政治事件，不僅涉及政治人物，也涉及政治事務。雖然這起事件牽涉緋聞內容，但緋聞比起總統府內的其他事務，顯然渺小許多。新新聞決定刊登此則新聞，一定考慮過報導可能引發的政治衝擊，當然也包括可能面臨的法律訴訟。畢竟，這則新聞立即產生了一個敵人，而這位敵人的地位及權力不容小覷。

新新聞決定報導這則涉及政治人物與政治事務的新聞時，應該早有與呂秀蓮對抗的準備，且有被告的準備。他們明知敵人具有很高的社會地位，並享有強大的政治權力；如果沒有萬全準備，自然不宜與之正面衝突。不過，由於這個事件具有新聞價值，可預見的新新聞會有兩方面的動作：一是面對每日新聞要提出什麼說法；一是面對未來可能的法庭訴訟。

新新聞雖然清楚這則報導會引發訴訟，而且這場訴訟涉及高度政治性，不過，他們在處理每日的新聞說法時，似乎沒有同時考量未來訴訟的策略。依上述媒體報導，他們面對回應原想採取低調態度，但因為呂秀蓮的記者會，使他們改變做法，隨之召開記者會回應。

召開記者會回應或許為必要手段，以維護新聞專業，但是記者會的內容就該審慎。新新聞在記者會上，太過自信地強調握有「所有證據」，疏於考量未來的訴訟手法。他們或許不容呂秀蓮挑戰他們的新聞專業，以致落入對方陷阱。如果他們在記者會上，善用呂秀蓮在記者會的說法，考量他們未來訴訟上的舉證責任，就能立於訴訟不敗之地。

事實上，如果新新聞在記者會上不要信誓旦旦地強調握有所有證據，沒有中了呂秀蓮要求新新聞「提出相關錄音帶」的計謀，而是利用聯合報於十一月十八日第一版所報導，總統府與律師團的初步判斷，認為「應有人冒用呂副總統之名，打電話給多名媒體負責人」，與呂秀蓮隔空喊話，先打媒體戰，等到未來訴訟展開後，要求法院查明呂秀蓮所謂的冒名說，究竟是誰打的這通電話。

畢竟，連總統府都認為有人冒呂秀蓮之名打電話，從國家安全的角度而言，法院當然該好好查明，甚至該移請檢調偵查。而呂秀蓮在首次記者會上也提到國家安全議題，新新聞原本可以善用這項議題。

舉證責任是民事訴訟的勝負關鍵，有「舉證責任之所在，敗訴之所在」的說法。這起訴訟必定是由呂秀蓮發動，她身為原告須先舉證自己的主張是對的；新新聞身為被告，自然是採取以靜制動的被動策略。不過，新新聞在記者會上高分貝強調「掌握所有證據」、「未來如果要對簿公堂，新新聞會視時機公布」，等於陷入對方的圈套。

因此，呂秀蓮的律師在這起訴訟中，可以要求新新聞提出上述證據。雖然新新聞在記者會上強調「將全力保護消息來源，不會將消息來源曝光」、「保護消息來源，是在《憲法》保障下的權利與義務，這是媒體的基本原則」，但法院事後調查新新聞在記者會上提到的證據，使得新新聞處於訴訟劣勢，最後不得不提出證人名單，無法保護消息來源。

任何人都知道「民不與官鬥」的道理，面對這場高度敏感的政治訴訟，沒有任何政治利益或好處的第三人，不會願意涉入，包括法官、證人，甚至是新新聞的員工。所以，法院雖曾函請中華電信、台灣大哥大及和信電信等公司提出與呂秀蓮有關的通聯紀錄，但他們怎麼會想要惹禍上身呢！

新新聞沒有將計就計，利用總統府的說明及呂秀蓮律師團的主張，在訴訟上以「國家安全」的大帽子，要求法院查明冒名的電話，而只要法院沒有調得新新聞所指的通聯紀錄，就顯示總統府的安全出了重大問題；反之，如果是總統府不願意公布真相，那麼總統府先前的「冒名說」就有欺騙的嫌疑。

當然，如果法院真的查到確實有人冒名時，那麼這起戰爭必然平分秋色，該冒名者必定吃上刑事官司。如果法院不能查得上述證據，就不能草率結案，新新聞自然無須提出證人名單。這起案件或許因此無法查明真相，使得法院無法做出判決。那麼，真相就有賴民眾各自解讀，新新聞不僅可以維持新聞報導自由，也可取得訴訟優勢。

政治與司法變形蟲

新新聞在這起案件中，似乎認為「新聞自由」可以抵擋政治，他們曾聲請大法官釋憲，想保護「祕密證人的訊問權利」，但大法官會議以「不受理」，駁回他們的聲請，祕密證人因此曝光，到庭只能回答「不知道」，以保護自身利益。當司法變形蟲遇到政治時，似乎難以獨立。

試想，若新新聞不要以「新聞自由」來對抗政治，而是以「國家安全」來對抗，他們就無須為難大法官、電信業者及祕密證人，甚至也給了法官一個不用結案的理由。

事實上，對承辦這起政治訴訟的法官而言，有四種可能做法：一是判決呂秀蓮勝；一是判決新新聞勝；一是判決訴訟雙方各有勝負；另一則是極盡調查能事，以拖待變，結果可能是訴訟雙方和解，可能是法官職務調動，也可能是等到呂秀蓮任期屆滿。如果新新聞能拋出「國家安全」的議題，似乎就可以幫法官解套，同時將責任轉回原告呂秀蓮。

依聯合報報導，審理這起案件的法官表示：「宣判前一天的晚上，是我一生中最痛苦的一晚，我熬夜寫判決，嘴巴直唸我不要再過這種日子了。」顯然這名法官難以承受無形的政治壓力，他與司法都是無辜的受害者。

至於一審敗訴的新新聞總編輯，也在判決當日表示：「我已經很久沒有這樣背脊發涼了，但面對副總統十九位律師，我的背脊發涼兩次。」媒體報導這位總編輯曾擔任民進黨國際事務部主任，而且與呂秀蓮同是留學哈佛大學的校友，他走過政治路，竟然在得知判決時，有背脊發涼的感受，可見司法變形蟲遇上政治，相關當事人所承受的壓力難以想像！

二〇一八年台大校長事件

台大，這所古老的大學是許多學子嚮往的學校，能當上這所大學的校長，更是一種莫大的榮耀，但台大在二〇一八年竟然沒有校長！

原來，二〇一六年十一月，國外網站「學界同行審論平台」（PubPeer）揭露，台大醫學院郭明良教授的研究團隊涉及多篇論文造假，當時校長楊泮池擔任數篇論文的共同作者，引發國際及國內各界關注及討論。楊校長雖出面否認，但事件經教育部、科技部及台大特別調查委員會獨立調查後，依涉案情節輕重對相關人員做出處分。

為了不讓台大因學術倫理案而繼續遭誤解和攻擊，楊校長在調查報告公布後，於二〇一七年三月十八日的校務會議中，表示任期於二〇一七年六月二十一日屆滿後不再續任校長。

為此，台大啟動校長遴選，於同年六月二十四日的臨時校務會議選出二十一名校長遴選委員，包括教育部指派的三名、台大行政會議代表三名、教師與校友代表十一名、行政人員代表一名、學生代表一名及校友總會代表兩名等委員。

依台大校長遴選作業規定，從八位候選人的初選進行到剩下最後兩位候選人，並於二〇一八年一月五日選出管中閔教授為新校長。台大因此依《大學法》的規定，於同年一月十日報請教育部聘任；然而，媒體在二〇一八年一月六日質疑台大遴選過程及當選的新校長資格。

報導傳聞台大校長候選人有「中研院幫」及「台大幫」的派系鬥爭，雙方勢力暗潮洶湧，台大雖依規定選出新校長，但一隻看不見的政治黑手已隱約介入，教育部藉詞遲不聘任台大遴選出的新校長，導致二〇一八年台大畢業典禮出現由代理校長主持的窘境。

台大沒有校長

「台大是我的母校，怎麼會沒有校長呢？」二〇一八年三月我返台看到此新聞，不禁好奇想著。當時一位熱心學長參與抗議教育部遲不核准台大校長聘任的民間活動，我於是聯繫他瞭解事件原委，他簡短說明後，邀我參加「律師團」會議，我於是參與他們在三月二十四日舉行的會議。

《大學法》第九條第一項規定：「新任公立大學校長之產生，應於現任校長任期屆滿十個月前或因故出缺後二個月內，由學校組成校長遴選委員會，經公開徵求程序遴選出校長後，由教育部或各該所屬地方政府聘任之。」台大是國立大學，新校長須由教育部聘任。

與會律師們當天討論到，教育部依上述《大學法》規定，最晚應於何時聘任台大新校長？楊校長於二〇一七年三月十八日表達不續任，距離二〇一七年六月二十一日任期屆滿日不遠，《大學法》的規定不明確，有下列幾種解釋：

一、如果「應於現任校長任期屆滿十個月前」的規定，是指台大應在此期限前啟動校長遴選程序，楊校長任期於二〇一七年六月二十一日屆滿，台大應在其任期屆滿前十個月，也就是二〇一六年八月二十一日前啟動遴選，教育部應在二〇一七年六月二十一日前完成聘任，才能讓新、舊任校長無縫接軌。但是，楊校長在二〇一七年三月十八日才宣布不續任，台大已不可能在二〇一六年八月啟動遴選程序。

二、如果「應於現任校長任期屆滿十個月前」的規定，是指教育部應在此期限內聘任台大新校長，楊校長係於二〇一七年六月二十一日任期屆滿，教育部應在二〇一六年八月二十一日前完成聘任台大新校長的作業。

三、如果「因故出缺後二個月內」的規定，是指台大應在此期限內啟動校長遴選程序，台大則須在楊校長於二〇一七年六月二十一日任期屆滿後的二個月，也就是二〇一七年八月二十一日前啟動遴選。事實上，台大已在二〇一七年六月二十四日選出遴選委員，並於二〇一八年一月五日選出新校長，且報請教育部聘任，教育部應盡速聘任。

四、如果「因故出缺後二個月內」的規定，是指教育部應在此期限內聘任台大新校長，則台大已於二〇一八年一月五日選出新校長，並於同年一月十日報請教育部聘任，教育部最遲應在二〇一八年三月十日前完成聘任。

無論採行哪一種解釋，教育部遲不聘任新校長，都已違反《大學法》的規定。

所以，當日討論的重點主要著重於，何時應提出行政訴訟。

政治力介入疑雲

教育部違反《大學法》規定，遲不聘任台大新校長，台大或新校長能否提出訴訟？何時提出？應提出什麼訴訟？如果就教育部應盡早聘任台大校長的紛爭，應屬於行政訴訟，但行政訴訟是人民與政府之間的戰爭，政府是行政訴訟的一方，當政治力介入時，將使原本就有「官官相護」疑慮的行政訴訟，更增不確定性的迷霧，行政法官能否抗拒政治力而積極審理，並盡速做出台大或新校長勝訴判決等，司法變形蟲的變化恐更難掌握。

尤其，媒體於二〇一八年一月七日報導台大遴選委員涉及利益迴避問題，立法院於同年一月二十四日要求教育部不得進行聘任作業，翌日某立法委員也質疑新校長涉及論文抄襲。一夕之間，台大校長聘任問題似乎不是單純的《大學法》爭議，政治力介入已清楚顯明，以我的辦案經驗，須思考新的突破口，以免落入圈套。

《大學法》將大學區分為「公立大學」及「私立大學」，對於校長的聘任方式規定：公立大學由學校組成遴選委員會，經遴選程序選出後，由教育部聘任；私立大學則由董事會組織遴選委員會，經董事會圈選後，報請教育部核准聘任。從條文文義解釋，私立大學校長經董事會圈選產生後，教育部享有「核准聘任」的權力，但其對公立大學校長並非規定「核准聘任」，而是「聘任」。

其次，《大學法》對於公、私立大學校長產生期限的規定也不同：前者要求新校長應於現任校長任期屆滿十個月前或因故出缺後二個月內為之；後者沒有明定對新校長核准聘任的期限。

公、私立大學對新校長產生採取不同的立法，從目的解釋而言，私立大學屬於私人所有，董事會必定重視校長是否出缺，能彈性開會選出新校長，但對於經董事會圈選產生的校長，教育部享有「核准聘任」的監督及裁量權力；反觀公立大學屬於國家所有，新校長遴選須符合「依法行政」的作業程序，為免各機關因本位主義，造成新、舊任校長無法銜接的空窗問題，於是明定新校長聘任期限，而同屬國家機關的教育部對於新校長僅享有「聘任」權，應無核准與否的裁量權。

台大既然屬於公立大學，教育部身為台大的主管機關，聘任新校長不僅是權利，也是義務，倘若教育部未在期限內履行其聘任義務，造成台大校務無法運作，相關人員自難辭其咎。

以刑事手段突圍

《大學法》是大學自治的基本法，也是教育部門依法行政的依據。如果相關人員沒有依此法辦理，除了產生行政爭訟的問題，對於從事教育的公務人員未履行法律所定義務，就可能構成公務員怠於執行職務，情節嚴重者或有刑事責任，此乃眾所周知的法律常識。

當我讀完《大學法》的規定並思考上述理由後，我在會議上大膽提出「教育部長恐涉刑事瀆職罪嫌」的觀點，因為教育部長負有聘任台大新校長的義務，不能因為政治力是否介入，免除他聘任公立大學校長的義務。此論點不是要強入教育部長的刑事責任，而是想透過刑事瀆職手段的壓力，促使他慎重履行擔任教育首長之責，也才能盡速完成聘任台大新校長。這是防止政治力介入模糊行政爭訟事件的不得已手段，也是盡早解決台大沒有校長的方法。

我的建議沒有得到與會律師的贊同，但隨著事件發展，我於二〇一八年三月三十日自願接受媒體訪問，並提出上述看法，強調《大學法》僅賦予教育部聘任台大新校長的權力，沒有賦予教育部審核台大遴選委員會有無違法的權力；尤其，教育部曾派三名代表參與台大新校長遴選過程，倘若遴選程序有問題，該三名代表理應即刻提出質疑，但該三名代表從無此舉動。

我進一步表示，教育部並非司法機關，本身不具有司法調查權及審查權，如果台大校長遴選程序或新校長涉及違法，教育部身為公務單位有權移請司法機關調查，此乃民主法治國家「行政」與「司法」分權的核心價值；同時，遭刑事調查的個人在未經司法判決確定有罪前，都有「無罪推定」原則的保護，教育部不應任由政治力介入，隨意指摘新校長或其他人涉及刑事不法，拖延聘任時程。

我的觀點經媒體報導後，台北市議員鍾小平於二〇一八年四月二日赴地檢署按鈴控告教育部長潘文忠涉嫌刑事瀆職，而台大師生組成的台大自主聯盟也於同月十二日告發潘文忠涉嫌刑事瀆職。從此，台大沒有校長的事件焦點瞬間由「台大遴選作業有無瑕疵」的行政爭訟議題，擴大到「教育部長有無違反聘任義務而構成瀆職罪嫌」的刑事爭議。

曙光乍現：教育部長請辭

二〇一八年四月十四日早上，教育部長潘文忠突然請辭部長一職，並發表一篇公開請辭信，信中提到：「……此次遴選案爭議的釐清過程，預期將持續遭遇到泛政治化的攻擊與污衊。幾經思考，我決定辭去部長一職，希望所有政治操作能就此停止，讓本案回歸到單純的校長遴選程序與當選人身分適格的討論。」此段話說明政治力介入很深，他顯然不願淪為政治力介入的犧牲品，決定辭職遠離泛政治化的攻擊或風暴。

他的請辭信將台大沒有校長的原因歸咎於前任校長楊泮池因學倫案而決定不續任校長，以及台大有遴選作業的瑕疵等，完全未提及身為教育部長所應履行聘任台大校長的法定義務與責任。但他請辭的動作也讓此事件露出曙光，我欣慰此策略成功，台大新校長的聘任指日可待。畢竟，「臨陣換將」是兵家大忌，無論何人接任教育部長，依然面臨限期聘任台大新校長的義務與責任，否則刑事瀆職罪嫌將如影隨形。

我慶幸潘文忠部長選擇不願繼續戀戰，這樣才能迫使這隻看不見的政治黑手現形，或讓想架空教育部的有心人士停止操弄。對於想接任教育部長的人，可在決定上任前做好「延續台大無校長的窘境」或「敢於承擔聘任台大校長之責」的抉擇。

二〇一八年四月十六日，吳茂昆先生接任教育部長，他選擇延續台大無校長的窘境，於上任後十天做出「駁回台大遴選結果」的行政處分，引發各界撻伐與質疑。他最終禁不起社會輿論的批判，上任四十天後黯然下台，成為任期最短的教育部長。

嗣後，教育部長一職由具有法學背景的葉俊榮教授擔任，他選擇敢於承擔聘任台大校長之責，於二〇一八年十二月二十四日，宣布「勉予同意」，由管中閔任台大新校長，但要求台大在三個月內針對此次校長遴選過程中的瑕疵和爭議全盤檢討；而葉俊榮部長於翌日請辭獲准。

無所不在的司法變形蟲

此事件因繼任教育部長的葉俊榮勇於任事，恢復台大校長運作常軌，從而劃下句點。對於前教育部長潘文忠遭檢舉涉嫌刑事瀆職一案，也因社會大眾不再關注，最終由地檢署偵結，司法變形蟲是否會因政治力介入而變形，不得而知。不過，此事件再次說明政治力無孔不入，它不僅影響司法變形蟲，更能干預行政體系，致使行政系統失去「依法行政」的原則。

有趣的是，當葉俊榮部長於二〇一八年底請辭下台後，前部長潘文忠隨即於二〇一九年一月再度執掌教育部長，僅離開教育部短短八個月。他先前請辭的公開信提到：「從來不會畏懼職務上帶來的各種挑戰」、「依法行政是從事公職堅持的信念」等等，但就台大聘任校長一事，最終顯然是由他人完成。

回想當初接受學長邀約參與律師會議前，我不知台大遴選委員會的態度，更不知新校長管中閔的行事風格，擔心他們能否禁得起變形蟲的作亂。事後看來，台大遴選委員會、校務會議成員及新校長管中閔都能堅持原則，沒有因為政治力介入而改變立場，他們堅持原則的態度，也讓我得以為母校盡一份棉薄之力。

涉及外國判決承認的民事案件

企業從事海外投資，難免會與當地企業發生糾紛，若要以訴訟解決問題，究竟該在哪裡起訴、外國法院判決是否有效、如何執行外國法院判決等問題，是企業全球化後，必定得面對的法律問題。由於台灣的國際地位特殊，外國法院的判決是否在台灣可以執行，涉及了台灣的司法主權，以及該外國法院判決與台灣之間的政治議題。所以，這類型的民事案件也不免涉及政治問題。

兩岸問題使中華民國不容易獲得國際上的「國家」地位，連帶影響到司法實務對於「外國法院判決承認」的問題。針對外國法院判決的承認，各國不僅在國內法律有規定，國際間也會透過簽訂條約來解決這類問題。然而，我們無法參與國際條約的簽訂，對外國法院判決是否承認一事，司法認定上就不是一件容易的事。

針對上述問題，實務上常依照《民事訴訟法》第四〇二條的規定審理，該規定中的一項，是以「該外國司法判決也必須承認我國司法判決」為要件，這是所謂「相互承認」的互惠條款。

糾紛事實原委

二〇〇八年，我接到一個委託案件，是一位當事人輸了有關「外國法院判決在台執行」的一審判決。這個當事人遭到某家新加坡公司在新加坡法院追訴違反合約，新加坡法院判決這位當事人敗訴。沒想到，新加坡公司竟然跨海來台請求我國法院執行新加坡法院的判決，而一審法院也核准執行新加坡法院的判決。

這個案子起因於，這位當事人認為新加坡公司沒有履行雙方先前簽訂的「軟體開發合約」，於是拒絕付款，而新加坡公司利用地利之便，在新加坡法院提起訴訟，請求依約支付價金，沒想到這位當事人沒有跨海應戰，使得新加坡公司快速取得「一造辯論」的勝訴判決，並跨海來台尋求我國法院執行新加坡法院的判決。

就國際政治而言，新加坡一向對我國友好，雖然他們不承認我國的國際地位，但雙方的民間交往密切，而且他們似乎也是兩岸之間的重要溝通橋樑。不過，政治上的友誼，不應該當然適用到司法事件。

我閱讀當事人提供的卷宗，發現一審法院曾透過外交部，請求我駐新加坡辦事處查明新加坡是否承認我國的司法判決。外交部不久即函覆，說明新加坡不承認且不執行我國判決。原告顯然不能接受這個結論，於是請求法院再函詢問，並引用了一件新加坡法院的具體個案判決，而一審法院也依照原告的請求辦理。

不久，新加坡官方的英文回函記載：「來函提到的具體個案在新加坡是要重新提起訴訟，新加坡將參考我國法院判決內容後，再決定是否同意我國法院的判決。」但這份英文原文轉由我駐新加坡辦事處翻譯成中文時，有了一百八十度的轉變，我駐新加坡辦事處竟翻譯為「該具體個案在新加坡並未重新起訴」，而外交部也將錯就錯函轉予法院。

一審法院就以這個具體個案沒有在新加坡重新起訴，間接推論新加坡承認我國司法判決，於是判決准予執行新加坡法院的判決。也就是說，新加坡公司可以依照新加坡法院的判決，在台灣對客戶的財產進行強制執行。

司法變形蟲不敵政治

對於政府文件明顯與新加坡文件不同的問題，我納悶不解，為什麼我國駐新加坡辦事處及外交部會犯上述明顯錯誤？我不認為這些政府官員的外語能力差，以致無法瞭解這幾句簡單的英文，否則我國家外交處境不就更堪憂了！還是有些官員企圖為新加坡公司護航，期使他們順利獲得判決執行？

在瞭解當事人的需求與目的後，我於是提出二審上訴，對於上述我駐新加坡辦事處及外交部的錯誤，我要求二審法院再次函詢新加坡是否承認我國司法判決。而我駐新加坡辦事處詢問的結果記載：「鑑於台星雙方並無司法互助協定之前提，星國對我國判決不予法理承認；爰星國對我國法院之判決僅能做為參考……又當事人就我國法院已為終局裁判之案件，不得持我國法院判決請求星國法院據以承認並執行，本處業向星國法務部官員確認上述說明無誤……。」

這函文來得正是時候，我本以為這個案件可以因此翻盤，符合當事人的期待。沒想到，二審開了四次庭後，仍判決我方當事人敗訴。顯然，二審法院沒採納上述駐新加坡辦事處的函文。果真如此，二審法院實在沒必要依我的請求再函新加坡，大可直接判決我方敗訴，以節省訴訟時間。

當事人當然無法接受這個判決結果，於是提出上訴，而最高法院明確以「歷次法院函詢結果似顯示新加坡不承認我國確定判決」為由，將案件發回二審法院重新審理。有了最高法院的加持，我獲勝的信心大增。當案件回到二審首次開庭時，我引用最高法院判決，強調新加坡不承認我國司法判決，法院應該駁回對方的請求。沒想到，二審法官竟然直接回絕我的請求，她的態度明顯告訴我，當事人仍然會敗訴。

明知不可而為之

二審法院於是主動告知對方，可以再次請求法院函詢新加坡，對方配合地以書狀請求法院再次函詢，雖然我提出書狀表達不滿，強調「政治歸政治，法律歸法律」，反諷法院如果就本案有政治考量，可以直接判決我方敗訴，無須「掛羊頭，賣狗肉」，但二審法院仍依對方書狀，發函詢問。

這個案件因此在二審法院躺了八個月，最後終於有了回函，只是回函內容並沒有針對法院的詢問回答，新加坡政府只說明新加坡承認外國法院判決的原則規定，至於二審法院詢問的問題，新加坡政府拒絕發表任何評論。由新加坡的回函可清楚瞭解，新加坡不承認我國法院判決，否則他們大可直接回答二審法院的具體問題。

這個案件共四次函詢新加坡政府，而三次詢問結果都表明，新加坡不承認我國司法判決，另一次則是我國駐新加坡辦事處及外交部錯誤翻譯。如果依照上述《民事訴訟法》的規定，我方應該可以獲得勝訴判決，然而，二審法院最後仍判決我方敗訴。

雖然我們高喊民主法治，依法治理、依法行政，但事實似乎並非如此。這個案件在我承辦期間，前後在法院來回走了五年。想想，人生有多少個五年呢？《憲法》規定法官獨立審判，不受外力影響，但果真如此嗎？

第五部

問題預防
勝於訴訟治療

從事律師工作至今，許多人一聽到我是律師，常開玩笑說，最好不要有事情找我。過去人們注重倫常和人情，把「法」字擺在最後面；時至今日，人情淡薄，法治觀念抬頭，涉及生活層面的法律問題愈來愈多，你可以不與律師為伍，但最好還是要具備法律知識。

我們都知道預防勝於治療的道理，人們對於健康的概念，已經從過去注重生病的治療，轉變為更關心平時的身體保養。與其等到生病時再來調養身體，不如加強健康習慣的養成，不僅可以省下大筆醫療費，更免去治療的痛苦。這是從「治療醫學」走向「預防醫學」的進展。

同樣的，曾經跑過法院，受過訴訟煎熬的人，其身心折磨絕不是一般人可以理解的。長期以來，我都在協助當事人處理訴訟糾紛，總是看到當事人的心情因案件發展而起伏。甚且，除了發表本書而遭特偵組「追殺」外，我也曾當過多次「潛在的被告」，雖然是訴訟對方的無聊手段，但當我收到出庭通知或判決書時，並沒有落下心中大石，反而是衝動地想與對方一決高下。法律訴訟猶如生病的治療過程，我相信沒有人樂於經歷這樣的過程。

預防醫學講求日常保養，作息正常是健康的根本之道，然而一般人常沉迷於短暫的快感，或是滿足口腹之欲的美食，造成許多慢性病或重大疾病發生。同理，法律風險存在於日常生活周遭，平常多一分關注，它就少一分出現的機會；反之，少一分注意，發生風險的機率就增加一些。

根據我陪著當事人走過訴訟長路的經驗，我知道這段期間所需花費的心力、體力及財力是難以估算的，通常也難以平復。而我確信，只要平時多花一些時間注意周遭可能存在的法律風險及問題，絕對比解決法律糾紛的成本低很多，這也是我要強調「預防法學」的原因。

即使你有幸沒有跑法院和訴訟的經驗，一定也知道打官司不會是一件喜樂的事，它就像是打仗一樣，當事人的日常生活作息必定因此改變，心情也不會開朗無憂。因此，身為律師的我要很誠懇地建議讀者，就算生活平順無虞，仍要謹慎面對每一天。

法律風險的種類

法律風險沒有固定的種類與內容，根據我處理案件的經驗，日常生活發生的法律糾紛，可以由不同的角度來分類：

就風險發生的原因而言，主要可以區分為兩大類：一是不幸遭到無關之人故意或不小心的侵害；一是與他人有合作關係，但因某些原因，雙方產生交易糾紛。前者所涉及的法律問題，即所謂「侵權問題」；後者所涉及的法律問題，即所謂「合約問題」。

不論企業或個人都有可能碰到上述兩種法律糾紛，在此簡單說明這兩種情形：

一、侵權問題：你與侵害你的人之間本來不存在任何合作關係或法律關係，但因為一方故意或不注意，造成另一方受到傷害，使你們之間產生了「糾紛關係」。比如說，你走在馬路旁時，不幸遭到摩托車擦撞而受傷。

二、合約問題：你與對方合作並談妥了合作條件，但因發生事前沒有預料到的問題，雙方意見相左，使得原本的合作關係生變，無法取得解決共識，因而發生糾紛。

從發生糾紛的結果來看，主要也可以區分為兩大類：一是「人」的損失，包括身體、生命及名譽等方面的損失；一是「物」的損失，如：車子、房子之類的。前者的損失因人而異，而且一旦發生糾紛，不容易計算損失內容；後者的損失涉及財產價值減少，比較有客觀的計算標準。

不論企業或個人，都可能發生上述兩種糾紛結果，舉例說明如下：

一、人的損失：無論你與對方發生糾紛的原因是合作關係或侵權關係，只要身體、健康、生命等法律上所謂的人格權受到損失，好比因為車禍受傷或死亡，就算是人的損失。另外，法律上的人也包括「法人」，即一般所謂的公司行號，公司雖然沒有健康、生命等人格權，但法律上承認公司具有名譽權，如果你的行為使得公司的名譽遭受損失時，也須負擔法律責任。

二、物的損失：同樣的，無論你與對方發生糾紛的原因是合作關係或侵權關係，如果你的行為造成對方的財產受損，你必須就該財產價值減少的部分負責。例如：你的不法行為造成對方車子受損，或是珠寶丟失等等，這種損失不涉及人的損失，只要就對方的財產減少部分負責。

訴訟講求證據，這兩種損失都涉及舉證的問題，受到損害的人必須依照法律規定，提出相關的損失計算文件，而且法院必須仔細核算這些單據，因此常造成訴訟時日的拖延，這也是訴訟耗費成本的主要原因。

所以，假設你經過估算後，發現所需付出的訴訟成本超出你因為糾紛所遭受的損失，應該不要提出訴訟，免得賠了夫人又折兵。在計算訴訟成本時，尤其必須注意可能的時間成本。除非損失金額龐大，否則，從訴訟角度來看，實在沒有提出訴訟的必要。從成本效益而言，建議還是發揮趨吉避凶的本能，多一分關注，少一分損失，盡可能預防法律風險，避免與司法變形蟲交涉。

錢財乃身外之物，失去還可以賺回來。一般人常將身外之物看得比自己的身體或生命重要，忽略了身體與生命的價值，也忘了要預防身體與生命的損失。以下將說明，法律對無價的身體及生命提供怎樣的保障，同時提醒讀者要居安思危，因為此類法律風險是可以預防的。

其次，根據處理交易糾紛的經驗，我將合作關係所產生的糾紛，也歸納出幾個重點，提醒讀者在從事合作交易前，不妨多思考這幾項因素，盡可能避免模糊不清或思慮不周，造成不可收拾的後果。

身體、生命的賠償與預防

當你的身體因為他人的行為而受到損傷時，不僅要承受皮肉之苦，常常也得負擔不少的醫療費用。此時，即使透過訴訟可以從對方那裡獲得補償，但如果得同時忍受訴訟的精神折磨，你覺得值得嗎？就我處理訴訟的經驗，實務上這類案件不是那麼容易取得勝利，獲得金錢賠償。

你的生命和身體值多少？

你究竟值多少錢呢？我們都知道身體和生命無價，但如果身體遭受傷害，或生命遭到侵奪，如何要求侵害者賠償損失呢？我相信一般人不曾想過這些問題。

失去才知珍惜

過去我從來不認為癌症可怕，直到雙親先後罹癌，我才開始正視它。當然，即使我體悟到癌症的可怕，也更加注意自己的身體健康，不代表癌症不會發生在我身上。不過，預防醫學告訴我們，平日注重養生，可以避免罹患癌症的機率。

同樣的，如果你平時多關注自己的行事，就可以減少遭遇糾紛的風險，更可避免面對司法訴訟。上帝創造人類是何等珍貴，自然無法以金錢衡量人身的價值。

然而，真正面對司法訴訟時，人的價值就必須量化為可以用「金錢計算」的基礎。此時，如果法官判決別人應該賠償你的身體損失十萬元，或是賠償你的生命損失一千萬元，你會覺得太少嗎？相對的，如果是你應該賠償別人這個數額時，你是否會覺得太多呢？甚至，如果對方沒錢賠償時，你會驚覺自己的價值竟然是零！

我在前作曾提到「醫生殺妻案」，當時我的當事人湯小姐發現身為醫師的丈夫，竟然沒有告訴她罹癌的事實，反而放任病情惡化至癌症末期，導致無法治癒，她雖然追訴醫師丈夫殺人未遂，而且法官也判決對方有罪，但怎麼樣也換不回她的健康了。

我承接湯小姐的案件時，不知她的生命還能存續多久，內心感受到無比的壓力。我盡可能請求法官盡早判決，期使她在有生之年能夠得到公義判決的安慰和補償。當她的醫師前夫前來談和解時，我又面臨了另一個難題：到底湯小姐的生命值多少錢？這個問題我實在無法幫她決定，只能告訴她過去一些法院判決案例，提供和解參考。

我不便問她最後是抱持怎樣的心情才決定和解，但將心比心，我相信她面臨了天人交戰，心情絕不是你我可以體會的。湯小姐最後還是不敵病魔過世了，我參加她的追思禮拜，往事歷歷，讓我不斷思考人生的價值。期盼每個人都能珍惜自己的生命與身體，尤其我們身處在善與惡相互拉扯的社會，個人和企業最好都能夠正視預防法律風險的重要性。

看重自己，防範未然

「身體髮膚，受之父母，不敢毀傷，孝之始也。」生命與身體都是父母給予我們的，一旦遭到損傷，即使醫學發達，也難以回復原本的狀態。

我在大學時代曾看過一部名叫《控訴》（*The Accused*）的電影，劇情描述一位穿著暴露的年輕女子到酒吧找朋友，她在酒吧內翩然起舞，引起一群男子側目，最後竟然遭到一位男子強暴，而在場的人都沒有伸出援手，即使她的朋友也不敢出面制止。這個案件最後進入法院審判，但沒有人敢出面作證，甚至還將這個年輕女子醜化為放蕩的女孩。故事最後，是一位具有良知的證人出面作證，法院因此判處涉案男子徒刑，並且將圍觀教唆的人一併判刑。

電影劇情最終必然是以正義回復做為收場。但若一位女孩遭到如此的傷害，必定是身體與心理永遠的痛，如果能重新來過，相信她會約束自己的言行舉止，也會更加注意穿著和風險，避免惹來無法恢復的身體傷害。

法律至多是事後補救，可否回復正義，仍未可知。不論女男，對自己身處的環境多加關心與注意，是保護自己遠離糾紛的不二法門。

近來，網路交友不慎所引發的糾紛和危機，以及毒品交易和危害等等，都是對身體的戕害，不論是否出於自願，這些行為都涉及法律糾紛。奉勸讀者，好好珍惜生命和身體，因為生命和身體是無價的，不要等到失去才後悔莫及。

你的簽名代表了你自己

聖經《創世記》第二十五章第三十節以下記載了一個故事：以撒有兩個兒子，有一天，長子以掃從外面打獵回來肚子很餓，看見弟弟煮了一鍋熱騰騰的紅湯，於是要求喝一碗，交換條件是將他長子的名分賣給弟弟雅各，他顯然輕看了長子的名分。等到以撒年老要為兩個兒子祝福時，雅各因此得到父親最先的祝福，以掃反而失去他原先應該有的祝福，他雖後悔但為時已晚，他的人生也因此改變。

名分是看不見的東西，所代表的意義深遠，不僅是一個人獨特的價值，也是他在人際關係中的地位，上述聖經故事正說明了這一點。同樣的，父母親在你出生後為你取的名字，就代表了你這個人，這個名字跟著你一輩子，它代表了你的無形價值，你因此享受法律權利，同時負擔法律責任。

同理，依照法律規定，政府給每一位國民一個可以代表你的專屬號碼。當你出生後，父母向政府申報出生的事實時，你就取得了一個專屬於你的「身分證號碼」，它會跟著你一輩子。所以，名字和身分證號碼都代表了你的無形價值。即使你不曾出面，也沒有照片顯示你曾經參與某項行為，但只要你的名字或身分證號碼出現在某份文件上，就可以推論你曾參與這份文件所顯示的內容，享受這份文件上所記載的權利，亦負擔文件上所示的義務。

如果你的名字或身分證號碼不是你親自填上去的，你可以否定自己曾參與這份文件的內容。相反的，如果你親自簽名在文件上，就表示你同意文件內容，而且願意對這文件內容負責。所以，千萬不要如上述聖經故事中的以掃一樣，輕看自己的身分，更不要小看自己的簽名，因為它代表你必須以所擁有的一切，包括社會地位、名譽和財產，為你的簽名背後所代表的法律權利及義務負全部責任。

事實上，不論有無書面記載或約定，你都必須對你的承諾負責，正如古人所說「一諾千金」。然而，世風日下，由於口頭承諾在法律上舉證困難，造成人們誤以為口頭承諾不生法律效力，這是對法律的重大誤解。現代人不太重視口頭承諾，甚至偶爾也不重視書面的簽名效力，完全不符法律精神。

網路活動盛行，個人訊息很容易因此流出，一時不小心，都可能惹禍上身。記得，不要小看自己的名字和身分證號碼，謹慎使用，避免惹來不必要的法律糾紛，讓自己曝露在司法變形蟲的風險中。

人呆叫作「保」

很多人以為「為人作保」可以展現朋友義氣，但現今社會風氣與過去大不相同，人心難測。如果你同意擔保朋友的借款，在朋友無法償還借款時，你就必須代為負擔償還義務，因此有人說：「人呆叫作保。」作保之前，最好先瞭解「保證」的法律效果，再決定是否願意為人作保。

聖經《箴言》第六章第一節記載：「我兒，你若為朋友作保，替外人擊掌，你就被口中的話語纏住，被嘴裡的言語捉住。我兒，你既落在朋友手中，就當這樣行，才可救自己，你要自卑，去懇求你的朋友，不要容你的眼睛睡覺，不要容你的眼皮打盹，要救自己，如鹿脫離獵戶的手，如鳥脫離捕鳥人的手。」

這是所羅門王向上帝求智慧後，提出警示後人的話語。所羅門王在好幾千年前已經體悟「保證」的問題，他將作保的人比喻成鹿或鳥，將「所擔保的人」比喻成獵戶或捕鳥人，一語道破作保的問題。而他也道出解決作保的方法，不是透過法律，而是自卑地懇求所擔保的人。

為人作保時，你所負擔的法律責任是保證責任，此法律責任又可區分為兩種：**一般保證**和**連帶保證**。

如果你為朋友作保，擔保他向銀行的借款，當你朋友無法償還借款時，你有責任替朋友償還借款；不過，銀行必須先向你朋友追償，等到銀行確定無法追償到你朋友的借款時，才可以向你追償；如果銀行沒有先向你朋友追償，你有權拒絕銀行對你的追償。這是所謂的「一般保證」。

同上狀況，如果銀行無須先向你朋友追償，就可以直接向你追償，而你也無權在銀行向你追償時，抗辯要求銀行應該先向你朋友追償，也就是你同意放棄法律上所謂的「先訴抗辯權」時，這表示你和朋友一同負擔償還借款責任。這是所謂的

「連帶保證」。

不論一般保證或連帶保證，都是拿你自己的身家財產為朋友擔保，一旦你朋友無法償還借款，你可能因此傾家蕩產。從人情角度而言，為朋友作保，確實很有義氣；但從法律角度來看，作保確實如保字所示的呆人，將自己一生努力，任由他人揮霍，尤其在利益掛帥的社會，常見借款人不是還不出錢，而是惡意倒帳。

一個慘痛的真實案例

我曾經承辦一件不可思議的銀行貸款案件。客戶欲向銀行申請貸款，他們依銀行的要求辦理對保，提供自己的身分證影本，同時在貸款文件上簽名。然而，銀行員工竟有不法居心，要求客戶在空白貸款文件上簽名，並表明他會為客戶填寫其他相關資訊，例如：貸款總金額、利息約定、貸款期限等等，客戶不疑有他，依他的指示簽名。

等了許久，客戶一直沒有接到銀行核准貸款的通知，與銀行交涉許久及查證下，才知道銀行將貸款申請文件轉為「他人貸款的連帶保證」文件，而銀行早已將錢核撥給他人。結果變成是客戶以自己的不動產，提供抵押保證為他人擔保借款，而他們也成為他人借款的個人保證！

從文件內容觀之，客戶所有的簽名都是真的，客戶提供的身分證號碼也是真的。形式上來看，客戶似乎願意提供個人財產和身分為他人作保。面對這場糾紛，這位客戶該如何否認這份文件，進而無須負擔連帶保證責任呢？這是一件很難打的官司，要進一步證明客戶遭到銀行員工詐騙，更是難上加難。

這個離奇的事件給初入社會的我一大啟發，比起四年大學法律課程還受用，而我憑藉當時的衝勁也順利打贏了這場官司。但是法院審理前後耗時甚久，客戶雖然無須對他人的貸款負責，但終究沒借到錢，沒有及時運用到他們原想從事的商業活動，這一來一往的時間損失，已不是金錢可以衡量。諷刺的是，這家銀行是客戶過去經常往來的銀行，他們竟然利用客戶的信賴基礎，從事不法勾當。

交易糾紛與預防

「智者千慮，必有一失」，與他人簽訂合約，必須小心謹慎，防範未然。儘管有些交易糾紛確實不易事先預防，但從法律的角度來檢視，仍有蛛絲馬跡可循。根據我所處理的交易糾紛，以及我所瞭解的法律規定，防範交易糾紛可以從「人、事、時、地、物」等方面加以考量：

「人」的問題

人是所有交易的主角，沒有人就沒有交易。法律規定的人有：自然人和法人。前者是指一般人；後者是指依照法律規定設立的公司。而每個人的法律地位都是平等的。

自然人

如果你的交易對象是一般人，法律規定：七歲以下的人沒有行為能力，你不可以與他們交易，即使有交易行為，法律規定也是無效的；七歲以上、未滿十八歲是限制行為能力，與他們交易不一定會發生法律效力，因為他們的行為要得到法定代理人的同意；只有與十八歲以上的成年人交易，才能夠獲得法律保障。

孩子與十八歲以下的年輕人沒有獨立決定自己行為的能力，必須由父母或是法律規定的監護人代為行使。所以，父母或監護人必須對孩子和十八歲以下的年輕人的行為負責；至於成年人則須對自己的行為負責，這也表示所謂「父債子還」的觀念已不適法。

法人通常是指公司。即使是股東相同的兩家公司，仍享有不同的法人人格，各自負擔責任，不會因為股東相同，就須負連帶責任。你與公司交易時，一定要明確知道交易對象是誰。常見餐廳名稱與開立發票的公司名稱不同、交易的商店與發票上的公司也有可能不一樣，一旦發生糾紛，該向誰主張權利，常造成困擾。

目前詐騙事件層出不窮，當你與公司交易時，一定要弄清楚交易的對象。也許當下不容易查明公司的狀況，但是你可以請公司員工出示公司文件，或是透過經濟部商業司網站查詢。同時，對於代表公司出面和你接洽的人，你也要瞭解他們是否有權代表公司，請他們出示證件或提問，根據他們回答的內容，確認他們的來歷。

交易金額愈大，愈是必須在支付金錢之前，先確認交易對象，不要等到支付金錢之後，才發現交易對象不正確，到時只能任人宰割。所謂付錢的是大爺，在你還沒有付錢之前，交易對方必定會百般獻殷勤，等你付錢但發現錯誤時，已經主客易位，換你得有求於對方，不得已還得透過訴訟來請求。

「物」的問題

物常是交易的主要目的，也是經濟發展的關鍵。古代以物易物，是以「看得見的物」做為交易對象；近來，智慧財產權發達，可以為企業或個人創造更高的經濟利益，所以「看不見的物」也成為交易的對象。

看得見的「物」

一般而言，看得見的物可以分為：不動產和動產。前者主要是指土地和房屋；後者是指除了不動產之外，其他看得見的東西。

——不動產

土地是最容易看見的物，也是最有價值的交易標的。各國對土地的區分，常以地號編列，但土地面積難免因地表自然挪移或地震而有所變化。就土地交易而言，你要注意交易的土地地號及面積是否為你想交易的標的。

有位客戶與他人訂立土地買賣合約，合約上固然記載想購買的地號，但是他沒有確認該地號是否為最新標示的地號，結果合約記載的地號是政府重測前的舊地號，而該地號不僅與其他地號合併，而且土地面積也不同，造成買賣標的無法確認的糾紛。

針對土地買賣，除應表明土地地號和面積外，最好能在訂約前，向地政機關請領最新的「土地登記謄本」，以便做為合約附件，減少不必要的法律風險。

曾有位客戶在三筆土地的買賣交易中，沒有將三筆土地地號一一表明，只記載其中一筆土地地號，沒想到遭有心人士覬覦，竟然製作一份載明另外兩筆地號的不實買賣合約，引發兩、三起訴訟糾紛。

類似糾紛也常出現在房屋交易。政府對已蓋好的房屋會列冊編號登記，而且記載房屋實際面積，並有「房屋登記謄本」可供查閱。交易雙方透過房屋登記謄本的登記內容，確認交易房屋地點及面積大小。

還沒蓋好的預售屋雖然沒有確定的地址，也沒有正確面積，但法律允許交易，不過法律風險自然較高。目前，政府訂有「預售屋買賣合約」範本，預售屋的交易應該較以往更有規範。在買賣前，仍應注意「實際使用面積」、「公共面積」等不同數字，以及不足面積的補救約定。

——動產

除了上述不動產，不要以為「看得見的東西」就比較沒有問題。回想看看，你是否有這樣的經驗：在商店看到的樣品，和你買回去的東西不盡相同呢？一般人常相信眼睛所看見的，但你如何確保你所買到的東西就是你所看到的呢？如果你無法在見到東西的當下，立刻取走它，就該思考如何將你想要的東西特別標示出來。

其次，看得見的東西未必就有正常的功能，當一手交錢、一手交貨時，要仔細檢查有無瑕疵。法律固然要求出賣人負有瑕疵擔保的責任，但也要求買受人要及早履行檢查責任。至於賣方若在商品上標示「貨物售出，概不退換」，這麼做未必合法，但買方最好小心，畢竟很少人會因此提告到法院！

看不見的「物」

——種類

知識經濟發展快速，活絡了智慧財產權的交易。智慧財產權主要包括：專利、商標和著作等權利，而方法、技術等營業祕密，也是智慧財產權的標的之一。這些權利受到法律保護，可以做為交易標的，是典型的看不見的物。

要取得專利和商標等權利，必須申請註冊登記，而著作權的取得則是將著作內容公開即可。這三種權利沒有固定形體，可以依照「登記內容」和「公開內容」來確立這些權利的具體範圍；至於營業祕密，就比較難確定具體範圍。

——可怕的合作傷害

有家外國廠商與政府部門簽訂一份「技術移轉合約」，約定由這家外國廠商提供相關先進技術給政府部門，並協助政府部門建立該技術的管理機制。雙方早在幾十年前就簽立書面合約，約定在幾年內完成技術移轉。沒想到，這份合約履行不久就發生糾紛，而官司一打就是二十幾年，政府部門至今不僅沒有取得技術，反而還要應付長達二十幾年尚未定出勝負的官司。

原來，在雙方約定當時，政府部門不知道如何明確界定想要取得的先進技術內容，合約只載明「ＸＸ技術移轉」，雖然合約附有許多技術說明，但政府部門並不瞭解內容，不知道該如何配合移轉；同時，合約要求政府部門必須履行各項先期配合事項，政府部門不知如何配合辦理。

雙方履約過程因此出現多次雞同鴨講的狀況。由於政府部門不知這項技術引進的效果為何，也就不知道如何檢視這家外國廠商提供的技術內容是否達到標準；加上雙方對技術水平的認知有差距，漸漸產生互不信賴的結果，自然引起不可避免的法律訴訟。直到如今，雙方的歧見仍未化解，法院實在也很難判斷誰是誰非。

——用心才能預防

從這件糾紛可以瞭解，針對看不見的技術，如果交易雙方不用心解決彼此對技術的認知差距，想要獲得技術的一方不用心詢問對方，而提供技術的一方也沒誠意說明該技術交易必須注意的內容，這種交易大有可能無法實現，即使雙方訂立書面合約，也只是一份無法落實且充滿潛在糾紛風險的文件。

追根究柢，對於看不見的技術交易，交易雙方除了要格外注意彼此的誠意之外，想取得技術的一方，至少應該瞭解這項技術的基本框架，否則就只能任由提供技術的一方宰割；相對的，提供技術的一方要注意付錢的是大爺，針對想取得技術的一方如何付款，要格外慎重，不要技術全部轉移後，仍未獲得全部款項。

「事」的問題

交易內容只要不涉及刑事法律所定的犯罪行為，或政府明令禁止的行為，以及社會風俗習慣所不容的事情，法律不會過度加以干涉。然而，這樣的情況可說是好壞參半，好的是你可以自由與他人交易，壞的是你必須自力救濟，關注自己的交易內容。

舉例而言，「身後契約」交易主要是為自己或他人預先購買身後想使用的一塊地及葬禮服務。這種交易類似保險合約的精神，交易對方是「等到發生死亡之事」才有履約義務。不過，即使合約條件約定明確，究竟由誰來監督交易履行呢？甚至，如果你比你的交易對象活得更久時，這種交易是否有意義呢？

注意履行交易的擔保

不論交易內容是以物易物，還是金錢交易，如果你必須將自己的財產先移交給對方，而不是一手交錢，一手交貨時，為了避免賠了夫人（失去自己的東西）又折兵（無法取得對方東西），你可以要求對方提出其他東西來擔保未來履約的義務，而擔保價值的高低，就隨著對方履約時間長久而成正比。

常見銀行要求借款人提供房地產、個人本票或支票，做為借款人未來還款的擔保，銀行要求的擔保物多寡，端視借款人的借款金額而定。如果你與他人的交易，必須給予對方較長的履行期間，就該考慮採取類似銀行的借款模式，要求對方提供履約保證。當然，履約保證的形式隨著各地交易習慣和法律規定而有不同，你必須瞭解清楚，以免擔保履約內容不合法，使你權益受損。

明確約定履約的條件

交易雙方約定的履約條件如果不清楚，常是糾紛發生的主因，因此盡可能不要使用模糊字眼，如「……等對方滿意時，支付……」；尤其，如果你與他人的交易內容不是給東西，而是提供服務、表演，或其沒有檢驗標準的內容，就必須明確討論雙方的履約條件，並且說明清楚。

你可以用沙盤推演的方式，設想雙方真實履行時的場景，檢視交易條件是否明確。在推演的過程中，只要有一個環節無法通過，就表示你們的約定內容模糊，即使時間推移到履約當下，也會因為不知如何履約，造成雙方爭執。如此一來，即使因糾紛走進法院，法官也未必能做出最正確的判決。

「時」的問題

時間是交易的重要元素，有利於你控管交易目的，而且可以讓雙方的責任更明確。交易的時間主要有兩種：一種是交易發生的時間；一種是交易內容所約定的履約時間。另外，時間也是計算違約一方應該賠償多少損害金額的基礎。

交易發生的時間

交易如果是以簽訂書面合約為主，除了要載明合約所定的履約時間外，對於合約簽訂的時間也要記載清楚。訴訟中，合約簽訂時間常是法院審理雙方交易內容的重要參考因素，因為合約簽訂目的常與簽訂時間有關，交易雙方在簽約當時一定有交易意願，才會簽訂合約。所以，合約簽訂時間要載明正確。

法律允許口頭合約，如果你的交易沒有簽訂書面合約，一旦發生糾紛時，假設你可以說明雙方具體交易時間，描述當時的交易情景，或許可以補足沒有訂立書面合約的遺憾。所以，即使沒有書面合約可供說明雙方交易的內容，倘若你細心記載雙方交易流程及時間經過，便可以強化自己在訴訟中的可信度。

合約的履約時間

合約所定履約時間，是有效控管合約履行的重要依據。交易發生糾紛，常是一方沒有按時間履行合約義務，或是交易雙方沒有明確約定履約時間。因此，雙方何時履約，一定要先言明清楚，尤其在交易無法一次完成而須分期履約時，必須明確規定各期履約的時點。

交易履約時間不一定以天數或日期為基礎，履約時間有時以「一件事是否發生」或「對方完成一定事情」為前提，對於這種類型的時間約定，一定要清楚描述事情的內容，例如：「等到你的小孩長大時，我要付給你一萬元」，但小孩長大的意思是什麼？是指十八歲？還是二十歲？是以實歲計算？還是以虛歲計算？最好都要說明清楚。

時間的其他功能

對於交易違約的損害賠償計算，也涉及時間因素。民事損害賠償的訴訟，究竟從何時開始起算損害金，不僅涉及請求金額是否正確，也涉及請求理由是否有理，這是所有民事損害賠償官司的基本問題，也常是法院判決一方可否全部勝訴的最重要原因。

我一再強調，訴訟中最好「以時間先後順序建立大事記」，主要目的就是瞭解過去交易的相關時程，同時檢視自己對過去交易時程的記憶是否正確，並且可以從交易發展的前後流程中，追查線索，進而找到重要交易資料。

一般人在交易當下，不太可能為了未來潛在的糾紛，保存相關證據資料，自然更不會注意交易流程的細節。往往等到糾紛真的發生了以後，才憑一己的印象概述交易當時的情景，這時的描述當然不可能鉅細靡遺，因此給糾紛對方有了狡辯的機會。所以，我過去常以時間先後順序來確認當事人的糾紛事實，從中發現當事人已遺忘的事實和關鍵文件，並因此打勝官司。

時間可以助人走出悲痛，也會讓人遺失記憶，端視你如何運用。對於你所從事的交易，最好順手記錄相關交易流程，不僅可以及時發現問題，避免不必要的糾紛，更可以積極發揮事後查核的功效，存留美好的記憶。

「地」的問題

履約地點在交易中有兩種意義：一是決定履約雙方有無誠信履約，或有無違約；一是決定交易雙方一旦發生糾紛時，可以管轄這件糾紛的法院。

交易的履行地

如果交易是一手交錢、一手交貨，雙方同時履行後，交易已經完成，交易地點不是雙方交易的重要因素。不過，如果交易涉及雙方履約的不同時間，雙方該在何處履約，就成為交易的關鍵問題。

大體上可以分為三種情形：一是你必須到對方的處所履約；二是對方必須到你

的處所履約；三是雙方必須到第三地履約。如果沒有到約定的地點履行，對方有權拒絕接受，而你就構成違約。

如果交易雙方沒有明確約定履約地點，實務上認為負有履行責任的一方要到債權人的住處履行。例如：假設你欠別人一筆錢，你們沒有約定還錢的地點，你就必須將錢送到別人住處，才算履行了你的還錢義務，你沒有權利要求對方到你的住處取錢。

糾紛管轄法院

留心交易履行地的另一個重要理由，是一旦發生訴訟糾紛時，雙方約定的交易履行所在地的法院，就成為這件訴訟的管轄法院。

通常訴訟的管轄法院是以被告住所地的法院為主，就是俗稱的「以原就被」原則。例如：原告住台中，被告住花蓮，依「以原就被」的原則，原告必須到花蓮法院提起訴訟。但是，如果雙方約定交易履行地點在台中時，原告可以在台中法院提起訴訟。

你或許認為台中與花蓮距離不遠，在哪一個法院起訴沒有什麼差別，但如果你的交易涉及國外廠商時，雙方履行地就不是台中與花蓮的距離，而是在台灣履行或在國外履行的差異，所以，與國外廠商的交易，要格外注意交易的履行地。

當然，在何處打官司也涉及法院當地不同的法律制度和風土民情，當地法院究竟如何評價你們之間的交易，也是影響訴訟結果的重大風險。倘若國外廠商的交易履行地在台灣，一旦發生糾紛訴訟，你可以選擇台灣的法院做為管轄法院，應該有利於你的訴訟請求。

合約問題

你知道自己每天都和許多人進行合約交易嗎？只是你不曾注意它們的存在和法律意義。舉例來說：早晨出門搭公車上班，從你招手要公車停車開始，你就與客運公司發生「載客服務合約」；當你到便利商店買早餐，你就與該便利商店發生「買賣合約」。這些交易或許金額不大，或許每日重複，所以你不容易感覺到它們的重要性。

不過，如果不幸發生法律問題時，這些小交易的法律意義便決定了你在法律上的權利。例如：你搭乘公車上班時，因為公車與小客車發生車禍，導致你受傷，你究竟該向公車司機請求賠償？還是向公車所屬的公司請求賠償？甚至是向小客車車主請求賠償？這些問題在法律上有不同的解讀。一般而言，你搭乘公車的行為，表示你與公車所屬公司發生合約關係，而公車司機是幫助公司提供服務的人，他們在法律上的地位明顯不同；至於小客車車主就不可能與你有任何交易關係。

從法律層面而言，我們日常生活中的合作交易，著重交易雙方協談的內容有無達成一致，法律用語分別為「要約」和「承諾」，它們必須一致，才能成立合約關係。合約內容沒有固定格式，除了幾種交易必須訂立書面合約外，法律沒有規定合約必須簽訂書面，口頭合約也具有效力。不過，如果雙方簽訂書面合約，應該注意以下幾點問題：

口頭與書面效力相同

許多人以為自己和對方沒有簽訂書面合約，雙方之間的合作內容就沒有生效。事實上，除了不動產過戶必須簽訂書面合約等少許法律特別規定外，口頭約定的合約也受到法律保障。固然，口頭約定的內容不容易舉證說明，但是「能否證明」與「合約有無效力」是不同的問題，不可以混為一談。

「口頭合約」與「書面合約」的法律效力是相同的。不過，如果雙方先有口頭約定，事後又簽訂書面合約，通常會在書面合約中言明，「雙方先前的口頭約定都因為簽訂本合約而取代」，這就表示後來簽訂的書面合約效力已經取代先前的口頭約定。如果沒有上述文字約定時，就必須以雙方的「締約真意」來決定，這就涉及舉證問題，所以為了避免爭議，交易雙方最好還是先言明清楚。

近來，金融產品的交易活絡，許多金融產品的廣告都強調「保本理財」，但是廣告最後常會以非常快的速度或非常小的字體聲明：「以上說明僅供參考，交易仍以XXX提供的書面文件為準」。同樣的，銀行理財人員常以「高於銀行利息」及「保本獲利」等內容，請你投資他們的金融產品，但如果你要求他們提出記載保本獲利的書面文字約定時，他們常是啞口無言。

二〇〇八年發生的美國雷曼兄弟金融問題，消費者遇到的連動債糾紛，就是類似的問題。消費者大多無法證明銀行人員沒有告知他們真相，致使他們誤信而購買該金融商品，而且由於雙方最終都簽訂了書面合約，該合約約定：「本交易以本合約內容為主，並取代先前一切口頭或其他約定」等文字或其他類似字眼，使得銀行取得免責理由，消費者最終只得承擔無法彌補的損失。

未來，如果有人想要求你購買任何商品，不要只聽信他們的說詞，尤其當他們要求你在某份文件上簽名時，一定要將他們口頭說明的內容，請他們親自指出該份文件上有相同記載或描述的文字，但這至多可以說明他們沒有欺騙你，你仍要仔細看完所有文字約定的內容，才決定是否簽名。

「文字意義」和「實質意義」

簽訂書面合約的目的之一，就是為了明確約定交易內容。理論上，書面合約使用的文字，應該清楚記載交易雙方想要達成的交易目的與細節。不過，雙方對文字理解的程度不同，或因風土民情不同而對相同文字有不同解讀，也可能因為雙方一時疏失等因素，造成合約糾紛。所以，雙方同意簽訂書面合約時，要盡可能避免使用容易產生歧義的文字，而且約定內容要描述明確。

一份好的書面合約要字句表達清晰，正確記載交易目的和合作細節。但文字描述有時而窮，如果發生詞不達意、文字使用不精確，或前後約定矛盾等問題時，依法就要「探求當事人的真意」。也就是說，當合約的文字意義無法確實表達交易本質時，就要探究合約的實質意義。

什麼是合約的實質意義呢？主要是從交易目的和雙方簽訂合約的想法與意圖來探究。因此，如果合約開宗明義就能將雙方簽訂合約的目的和意圖載明清楚，就可以減少合約解釋上的爭議。當然，如果合約沒有清楚載明，在訴訟中就必須證明合約簽訂當時的情形，以及雙方於當時達成的共識。

事實上，書面合約一定包括三項主要部分：一是你必須履行的義務內容；二是對方必須履行的義務內容；三是雙方違反義務的處罰內容。理論上，這三項規定應該公平規範交易雙方的權利義務。如果你認為交易雙方的合約地位不平等，不要委屈地簽下不平等合約，寧可再三思考，再決定是否簽訂或修改合約，不要事後才費心費力處理不必要的糾紛。

合約解讀不同所產生的糾紛

曾有位客戶透過電子郵件往來，與外國廠商成立「專屬購買合約」，但後來對於合約內容的解讀，雙方產生重大歧見。他認為這家外國廠商只能購買他們所生產的商品，但他事後發現外國廠商竟然向其他公司購買相同產品。他認為這家外國廠商欺騙他，想向對方提起訴訟。

這位客戶所指的合約，是對方發給他的一份電子郵件，他認為自己回函確認了這份郵件，雙方就成立了合約關係。他的看法沒有錯，合約並無一定格式，只要載明雙方合作內容並經雙方確認即可。一份函文如果經過雙方確認，當然可以成為一份合約，但仍應以函文內容明確為前提。這家外國廠商發出的郵件內容，是否能夠確認雙方的權利義務呢？我細讀信件文字，內容寫著：「你（指這個客戶）同意我

（指這個外國廠商）是你在美洲地區的唯一購買廠商。如果你有生產我想購買的產品，而且你的價錢和品質符合我的要求時，我應該先通知你，你也須在十天內通知我，我將購買你的產品。」

信件的英文內容並沒有載明雙方成立「專屬購買合約」，這份信件內容是由外國廠商的角度提出，這家外國廠商很技巧地提出他想與這位客戶合作的內容，但又不想因此負擔合約義務，所以內容沒有提到如果這家外國客戶違約所應承擔的責任。

看著客戶氣沖沖地數落對方，我實在不忍心告訴他真相。或許，他們雙方合作多時，他有其他足夠的理由認定雙方成立「專屬購買合約」。不過，單純從這份信件內容來看，這位客戶或許太樂觀地解讀了這封郵件。如果他要提出訴訟，必須提出更多文件或事實來證明他所說的合約確實存在。

合約履行改變合約約定

一家科技公司與下游廠商之間有「產品零組件」的交易，他們本是以下游廠商發出的「訂單」來載明交易條件。不過，雙方事後並沒有依照訂單記載的條件履約，而是依照這家科技公司的產能狀況，在完成一定數量的零組件製造後，他們會通知下游廠商前來領取。而下游廠商對於實質交易內容的改變，從來沒有提出任何異議。

這種交易模式進行了一陣子以後，因為下游廠商資金短缺，積欠龐大貨款，這家科技公司於是暫時停止供貨，事後因為市場變化，造成產品滯銷，以致下游廠商不願再購買該零組件，這家科技公司因此發生巨大原料及零組件存貨的成本損失，雙方的糾紛最終走上法院。

然而，這家科技公司聘請的律師竟然沒有瞭解雙方實際交易的實質內容，而是依照訂單記載內容主張雙方合作條件。然而，訂單所載應該交貨的日期，並不是雙方實際履約的日期，這家科技公司從來沒有依訂單內容履約，自然無法提出他們依訂單所載日期履約的證明，當然遭到一審敗訴判決。

當我瞭解真實的交易流程後，只好在二審首次開庭時，說明一審認定的事實有誤，並且提出雙方實際履約的相關函文，以及對方實際受領產品的日期均與訂單所載日期不同，而且對方從來沒有提出抗議，反而請求這家科技公司盡速生產，以利他們組裝出貨。這事實真相得到二審法院詳細審理確認，因此改判科技公司勝訴。

理論上，這家科技公司接到對方的訂單，發現無法依照訂單內容履行，他們應該請求對方更改訂單條件，但他們不但沒有這麼做，反而因循苟且，無視訂單記載，等到雙方發生糾紛提出訴訟後，這家科技公司竟然也沒有告知律師詳情，而律師也沒有細心瞭解真相。

他們一次又一次的錯誤，使得真相愈來愈難說明，就好像病人一再遭到誤診，沒有對症下藥，問題當然無法獲得解決。無怪乎這家科技公司主管與我首次會面時氣憤地說：「我們的法律真落後，沒辦法趕上商業腳步。」等我打贏這場官司以後，我對他說：「不是法律不進步，而是你們沒有真正落實說明你們彼此的實際交易精神。」

合約的「準據法」

合約是交易雙方的最高指導規範，但是合約不可違反交易當地的法律規定。如果雙方發生糾紛時，除依照合約約定內容解決雙方歧見外，針對合約沒有約定的部分，或是當地法律規定必須遵守的內容，就必須適用交易當地的法律，所適用的法律就稱為「合約準據法」。合約準據法的約定，只能適用在民事交易。

如果你與交易對象同樣是中華民國人民，而你們的交易也在中華民國境內發生，你們的交易合約就應該遵循中華民國法律的規定，此時，中華民國法律就是你們交易合約的準據法。交易雙方同屬一個法律適用地區，而且也在當地成立交易，即使你們之間的合約沒有清楚載明準據法，解釋上，你們既然接受同一法律規範，該法律當然是你們交易的準據法。

合約準據法的問題常出現在國際交易活動中，如果你和國外廠商做生意，或是你在國外與他人做生意，你理解的法律是中華民國法律，但是對方理解的是他們當地國的法律，雙方簽訂的書面合約究竟該適用哪一國的法律？如果沒有約定清楚，未來發生訴訟糾紛時，究竟應該適用哪一個國家的法律，將成為另一項重大訴訟議題。

國際交易究竟該選擇哪一個國家的法律做為合約準據法，沒有絕對的標準，但你可以考量下列的因素，做為選擇的參考依據：

一、你對哪一個國家的法律較熟悉：沒有人期待交易一定會發生糾紛，但還是應該防範於未然。面對熟悉的法律，較能夠運用自如，自然享有較大的主控權。如果不幸發生糾紛，你也可以快速瞭解自己的立場，選擇最好的處理角度，勝算自然較大。

二、哪一個國家的法律保障比較大：各國法律對於不同的交易形態，給予的保護條件不盡相同，例如：美國加州的法律對於智慧財產權的保護較寬鬆，如果你享有智慧財產權而須與人交易時，美國加州法律可能是你不錯的準據法選項。當然，交易立場不同，選擇準據法的立場就不一定相同。

三、訴訟成本高低：如果雙方有誠意履行合約，自然不可能發生訴訟，但是人心隔肚皮，沒有人能預見未來，對於未來可能的糾紛，該如何解釋合約、如何實施訴訟？倘若合約準據法就是你必須提出訴訟的地點所適用的法律，那麼該地若無須支付巨額的訴訟成本及律師酬金，自然是個不錯的選項。

上述考量因素並非一成不變，可以依照具體交易情形，以及在具體交易中所處的地位等個別因素，靈活考量與選擇。當然，如果你無法取得合約談判的制高點，就要注意對方選擇的合約準據法內容。有關準據法的合約條款規定，通常是在合約末了的一、兩頁。

過去，常見台灣廠商與美國廠商交易，只注意交易可否賺錢，或是不認為未來會發生糾紛，因此忽略這項條款內容，等到事後不幸發生糾紛時，常因為合約準據法約定為美國法律，以致必須在訴訟中舉證美國法律的相關規定，不僅耽誤訴訟時間，也增加訴訟的不確定性。

合約的「糾紛管轄」

書面合約是為了明確訂立交易雙方的權利義務，以防止糾紛發生。不過，如果不幸發生糾紛時，究竟該以什麼方式解決糾紛？法律規定，除了某些糾紛事件屬於法院專屬管轄，也允許交易雙方透過約定，選擇糾紛解決的方式，這項約定通常稱為「糾紛管轄」，但這項約定只能適用在民事合約糾紛。

糾紛管轄約定主要有兩種：一是約定「仲裁」為未來可能糾紛的解決方式；一是約定「法院管轄」是解決未來可能糾紛的方式。這兩種約定不可以同時存在，如果交易雙方同意以仲裁解決糾紛，就不可以約定法院管轄，否則仲裁約定等於沒有效果，也就是說，法院管轄的約定效果大於仲裁的約定效果。

曾有位當事人依他想要從事的交易模式，自作聰明地參考了許多合約範本後，將不同條款東抄西襲成為一份具體合約。他不明瞭各條款的意義，以為「集所有合約範本之大成」，具體交易就可以獲得全面保障。他沒想到不同規定會產生相互矛盾而致相互抵消的結果，反而得不到應有的保障。

他不知道糾紛管轄的意義，不僅將法院管轄的條文加入，也將仲裁規定納入。等到發生糾紛時，他以為可以選擇仲裁方式解決糾紛。不過，因為他的合約管轄約定有法院管轄，使得仲裁約定不生效果，他才發現打錯如意算盤，只好無奈地提起法院訴訟。

法院管轄

法院管轄的約定主要是交易雙方事先約定未來如果發生糾紛，雙方同意由某地區的法院做為管轄法院。交易雙方都是中華民國國民時，雙方可以約定由某地方法院為第一審法院；如果交易涉及外國廠商，交易雙方可以約定由其中一方所屬國家的法院管轄。

「以原就被」是民事訴訟的基本原則，原告必須在被告的住所地法院提起訴訟。不過，法律允許交易雙方針對合約事項產生的民事糾紛，透過雙方事先約定，合意由特定的地方法院為第一審的管轄法院，是為「合意管轄法院」。

交易雙方考慮合意管轄法院的目的，主要不外乎某特定法院比較公正，或比較熟悉某類型的案件，或雙方容易前往開庭，甚至是對該法院情形較瞭解。一旦雙方約定了合意管轄法院，未來一旦發生糾紛，任何一方就必須向該法院提出訴訟；如果向其他法院提出訴訟，只要對方提出抗議，案件就會移到雙方合意的管轄法院。所以，為了節省不必要的訴訟時間浪費，最好直接向雙方合意的地方法院起訴。

當然，如果你沒有依管轄法院的約定提起訴訟，而是向其他地方法院起訴，只要對方沒有提出管轄法院的抗議理由，反而針對雙方的合約實質約定提出答辯爭執，你的案件就無須轉移到雙方的合意管轄法院。

仲裁條款

為了疏解法院訴訟的壓力與降低法院訴訟的成本，國際間與國內皆設有不同的仲裁機構及其仲裁規定。透過仲裁方式解決紛爭，雙方只要依照選擇的仲裁機構的規定實施仲裁，一旦仲裁判斷作成，就具有「與確定判決相同」的效力，糾紛得以一次解決，不同於法院訴訟，敗訴方有上訴到三審的權利，拖延糾紛解決時程。

仲裁方式有另一個好處，就是仲裁審理是採祕密方式進行，不像法院審理必須公開。所以，如果你的糾紛內容具有商業機密，不願意因為糾紛訴訟致使機密公開，仲裁就是很好的選項。不過，法律規定可以選擇仲裁做為糾紛解決方式的範圍，主要是「與商務有關的交易」，不是所有的合約交易都可以約定仲裁條款。

仲裁機構屬於民間組織，各國常有兩個以上的仲裁機構，如果你的交易合約訂有仲裁條款，你要明定仲裁機構的名稱，否則在無法確定仲裁機構時，這項約定條款等於沒有效力。一旦事後發生糾紛，雙方再協商選定仲裁機構的可能性極低。

結語

當你平順時，保守你的心，勝過一切。

《傳道書》第十一章第八節：「人活多年，就當快樂多年，然而也當想到黑暗的日子；因為這日子必多，所要來的都是虛空。」

當你面對糾紛時，你有兩條路：

一條是「重回起初的心」，走向和平的道路；一條是「繼續數算對方的不是」，走向撕裂彼此的路。

當你走上訴訟時，用心因應司法變形蟲。

盼望你無怨無悔地走在你的人生之路。

最後，請容我再次不厭其煩地表達：

訴訟如刀刃，

傷己又傷人；

若求事圓滿，
饒恕化糾紛。

附錄　因出版本書而遭特偵組調查的大事記

2011.12.24　某雜誌報導「張冀明律師踢爆司法黑幕」，成為當日頭條新聞，引來特偵組關切，但該雜誌的報導內容與本書內容相差甚遠，其出刊前從未與本人確認所報導內容是否正確。當日傍晚，一位自稱受黃世銘檢察總長指示的檢察官，來電關切本書內容。

2012.02.04　本書舉行首次發表會，司法院政風人員到場關切。特偵組知悉我昨日入境，今早在新書發表會前接獲特偵組來電，要求到庭作證，約好二月七日下午到庭。

2012.02.07　下午四點赴特偵組接受訊問，特偵組告知以「正己專案」傳訊我。

2012.04.25　入境後，接獲特偵組來電要求到庭，約好五月四日下午到庭。

2012.05.04　於下午兩點半再赴特偵組接受訊問。

2012.05.15　特偵組傳訊雜誌採訪記者，其稱採訪時有錄音，但其並未經我同意而錄音，顯有違法嫌疑。

2012.06.18 入境後兩日，特偵組來電要求到庭，約好六月二十五日中午到庭。

2012.06.25 於中午十一點半再赴特偵組接受訊問，由兩位檢察官訊問我。

2012.09.17 入境後，接獲特偵組來電要求到庭，約好隔日到庭。

2012.09.18 於下午兩點半赴特偵組接受訊問；離去後，特偵組再度來電，要求我重返特偵組繼續接受訊問。

2012.09.27 特偵組以我無正當理由拒絕證言為由，主張我違反《刑事訴訟法》第一九三條的規定，聲請台北地方法院裁罰我，但我從未收到特偵組的聲請書，完全不知道特偵組的聲請內容。

2012.10.30 特偵組再向台北地方法院提出補充理由（一）書，引用哈佛大學心理系主任丹尼爾．沙克特（Daniel L. Schacter）所寫《記憶七罪》（*The Seven Sins of Memory*），推論我有拒絕證言的違法故意，但我依然沒有收到特偵組書狀，完全不知道特偵組的聲請動作。

2013.01.21 特偵組再向台北地方法院提出補充理由（二）書，但我仍未收到特偵組的任何書狀，完全不知道台北地方法院已著手審理此案件。

2013.06.15 突然收到台北地方法院裁定書，直接裁定科處我罰金三萬元。

2013.06.18　我不服台北地方法院裁定，在期限內向台灣高等法院提出抗告。
2013.07.31　台灣高等法院撤銷台北地方法院裁定，駁回特偵組的聲請。
2013.10.17　特偵組再抗告到最高法院。
2013.10.30　赴最高法院閱卷，始得知特偵組的動作及本案始末。
2013.11.27　最高法院駁回特偵組再抗告，全案終結。
2013.11.29　收到最高法院裁定書。

國家圖書館出版品預行編目資料

律師不會告訴你的事. 3, 你最好要知道的司法真相/張冀明著. -- 二版.
-- 臺北市：商周出版, 城邦文化事業股份有限公司出版：英屬蓋曼群島商家庭傳媒股份有限公司城邦分公司發行, 2024.10
面；　公分

ISBN 978-626-390-289-3(平裝)

1.CST: 訴訟程序 2.CST: 司法制度

586.4　　　　　　　113013961

人與法律94

律師不會告訴你的事3：你最好要知道的司法真相

作　　者／張冀明
企劃選書／林宏濤、陳玳妮
責任編輯／陳玳妮

版　　權／吳亭儀
行銷業務／周丹蘋、林詩富
總 編 輯／楊如玉
總 經 理／彭之琬
事業群總經理／黃淑貞
發 行 人／何飛鵬
法律顧問／元禾法律事務所 王子文律師
出　　版／商周出版
城邦文化事業股份有限公司
台北市南港區昆陽街 16 號 4 樓
電話：(02) 25007008　傳真：(02)25007579
E-mail：bwp.service@cite.com.tw
Blog：http://bwp25007008.pixnet.net/blog
發　　行／英屬蓋曼群島商家庭傳媒股份有限公司城邦分公司
台北市南港區昆陽街 16 號 8 樓
書虫客服服務專線：(02)25007718；(02)25007719
服務時間：週一至週五上午09:30-12:00；下午13:30-17:00
24小時傳眞專線：(02)25001990；(02)25001991
劃撥帳號：19863813；戶名：書虫股份有限公司
讀者服務信箱：service@readingclub.com.tw
城邦讀書花園：www.cite.com.tw
香港發行所／城邦（香港）出版集團有限公司
香港九龍土瓜灣土瓜灣道 86 號順聯工業大廈 6 樓 A 室
E-mail：hkcite@biznetvigator.com
電話：(852) 25086231 傳真：(852) 25789337
馬新發行所／城邦（馬新）出版集團【Cite (M) Sdn. Bhd.】
41, Jalan Radin Anum, Bandar Baru Sri Petaling,
57000 Kuala Lumpur, Malaysia.
Tel: (603) 90578822　Fax: (603) 90576622
Email: cite@cite.com.my

封面設計／一一生活設計
排　　版／芯澤有限公司
印　　刷／韋懋印刷事業有限公司
經 銷 商／聯合發行股份有限公司
電話：(02) 2917-8022　Fax: (02) 2911-0053
地址：新北市 231 新店區寶橋路 235 巷 6 弄 6 號 2 樓

■ 2024 年 10 月二版

Printed in Taiwan

定價 360 元

城邦讀書花園
www.cite.com.tw

ISBN 978-626-390-289-3（平裝）
ISBN 9786263902855（EPUB）

廣　告　回　函
北區郵政管理登記證
北臺字第000791號
郵資已付，免貼郵票

115　台北市南港區昆陽街 16 號 8 樓

英屬蓋曼群島商家庭傳媒股份有限公司城邦分公司　收

請沿虛線對摺，謝謝！

書號：BJ0094	書名：你最好要知道的司法真相	編碼：

請於此處用膠水黏貼

商周出版

讀者回函卡

線上版讀者回函卡

感謝您購買我們出版的書籍！請費心填寫此回函卡，我們將不定期寄上城邦集團最新的出版訊息。

姓名：＿＿＿＿＿＿＿＿＿＿＿＿＿＿＿＿ 性別：□男 □女

生日：西元＿＿＿＿＿年＿＿＿＿＿月＿＿＿＿＿日

地址：＿＿＿＿＿＿＿＿＿＿＿＿＿＿＿＿＿＿＿＿

聯絡電話：＿＿＿＿＿＿＿＿＿＿ 傳真：＿＿＿＿＿＿＿＿＿＿

E-mail ：

學歷：□ 1. 小學 □ 2. 國中 □ 3. 高中 □ 4. 大學 □ 5. 研究所以上

職業：□ 1. 學生 □ 2. 軍公教 □ 3. 服務 □ 4. 金融 □ 5. 製造 □ 6. 資訊

□ 7. 傳播 □ 8. 自由業 □ 9. 農漁牧 □ 10. 家管 □ 11. 退休

□ 12. 其他＿＿＿＿＿＿＿＿＿＿＿＿＿＿＿＿

您從何種方式得知本書消息？

□ 1. 書店 □ 2. 網路 □ 3. 報紙 □ 4. 雜誌 □ 5. 廣播 □ 6. 電視

□ 7. 親友推薦 □ 8. 其他＿＿＿＿＿＿＿＿＿＿＿＿

您通常以何種方式購書？

□ 1. 書店 □ 2. 網路 □ 3. 傳真訂購 □ 4. 郵局劃撥 □ 5. 其他＿＿＿＿

您喜歡閱讀那些類別的書籍？

□ 1. 財經商業 □ 2. 自然科學 □ 3. 歷史 □ 4. 法律 □ 5. 文學

□ 6. 休閒旅遊 □ 7. 小說 □ 8. 人物傳記 □ 9. 生活、勵志 □ 10. 其他

對我們的建議：＿＿＿＿＿＿＿＿＿＿＿＿＿＿＿＿＿＿＿＿

＿＿＿＿＿＿＿＿＿＿＿＿＿＿＿＿＿＿＿＿

＿＿＿＿＿＿＿＿＿＿＿＿＿＿＿＿＿＿＿＿

請於此處用膠水黏貼